Friedrich der Große

König zwischen Pflicht und Neigung

Dieses Buch erscheint anläßlich der Ausstellung „Friedrich der Große. König zwischen Pflicht und Neigung". 12. Juni bis 5. September 2004 in Bad Pyrmont. Schirmherr: Ministerpräsident Christian Wulff

Wir danken allen Leihgebern, die die Ausstellung mit ihren kostbaren Originalen unterstützt haben und deren Exponate zum Teil auch in diesem Buch abgebildet sind:

Bad Pyrmont: Niedersächsisches Staatsbad
Bayreuth: Bayerische Verwaltung der staatlichen Schlösser, Gärten und Seen
Berlin: Stiftung Preußischer Kulturbesitz, Staatsbibliothek, Musikabteilung; Kammergericht Berlin; Berlin-Brandenburgische Akademie der Wissenschaften; Stiftung Stadtmuseum Berlin, Landesmuseum für Kultur und Geschichte Berlins; Landesarchiv Berlin; Münzkabinett Berlin; Stiftung Preußischer Kulturbesitz, Geheimes Staatsarchiv Berlin; Stiftung Preußischer Kulturbesitz, Kunstgewerbemuseum Berlin; Antiquitäten Hannelore Plötz-Peters
Bielefeld: Museum Huelsmann
Braunschweig: Braunschweigisches Landesmuseum
Bückeburg: Fürstliche Schloßverwaltung; Niedersächsisches Staatsarchiv
Doorn (Utrecht): Kasteel Huis Doorn
Erlangen: Universitätsbibliothek Erlangen-Nürnberg
Fulda: Hessische Hausstiftung
Fürstenberg: Porzellanmanufaktur
Göttingen: Niedersächsische Staats- u. Universitätsbibliothek
Hannover: Niedersächsisches Hauptstaatsarchiv
Heidelberg: Deutsches Apotheken-Museum; Kurpfälzisches Museum
Hechingen: Burg Hohenzollern
Kassel: Staatliche Museen
Köln: Universitäts- und Stadtbibliothek Köln
Nürnberg: Germanisches Nationalmuseum
Pfullendorf: Dr. Elmar Mauch
Potsdam: Stiftung Preußische Schlösser und Gärten Berlin-Brandenburg

sowie Privatsammlungen in Bad Arolsen, Bad Pyrmont, Frankfurt, Hannover, Lügde, Münster, Nottuln, Springe und Zürich.

Dieter Alfter (Hrsg.)

Friedrich der Große

König zwischen Pflicht und Neigung

MONUMENTE Publikationen der Deutschen Stiftung Denkmalschutz

Mit zwei Mappenwerken „Aus dem Leben des Friedrich des Großen" (1921) und „König Friedrich und sein Kreis" (1922) drückte Lovis Corinth in insgesamt 45 Farblithographien seine Beziehung zu dem Preußenkönig aus. „Kronprinz Friedrich nach dem Bilde von Pesne", Lovis Corinth, Farblithographie, 1922

Dieter Alfter
7 Vorwort
Friedrich der Große – zwischen Pflicht und Neigung

Martina Weinland
15 Der Kronprinz
Soldatische Strenge und geborgtes Glück

Arndt Jubal Mehring
33 Der Musiker
Vom Querpfeifer zum Dekorationsmusiker

Titus Malms
53 Der Freimaurer
Das Freimaurertum Friedrichs des Großen

Hans-Joachim Giersberg
75 Der Bauherr
Kunstgenuß und Repräsentation

Jürgen Ziechmann
95 Der Patient
Kindersterblichkeit, Pocken und die eigene Gicht

Hermann Engel
117 Der Kurgast
Der Brunnenarzt und sein königlicher Gast

Rainer Falk
141 Der Königsberg
Wallfahrten zum Königsberg

Ingrid Scheurmann
159 Das Denkmal
Im Sonnenscheine goldglänzend vor den Linden

174 Zeittafel · Autoren

176 Bildnachweis · Impressum

SUUM CUIQUE

Friedrich der Große

„Er ist leutselig und entgegenkommend, seine Stimme ist sanft und rührend, so daß sie auf große Bescheidenheit schließen läßt, sogar auf etwas Schüchternheit, zumal wenn er zu sprechen beginnt oder mit jemandem zum ersten mal spricht, das trägt nicht wenig dazu bei, ihm die Herzen zu gewinnen, wenn er bestricken will.

Sieht man jedoch schärfer zu, so gewahrt man an ihm bald eine spöttische, verächtliche Miene, die unter dem Anschein von Sanftmut und Güte verborgen ist."

(De Beauvau, französischer Sonderbotschafter in Berlin)

Unterschrift Friedrichs II.

Mit dem Zitat de Beauvau's auf der Vorseite kommt ein Zeitgenosse zu Wort, der als französischer Gesandter Ludwigs XV. am Preußischen Hof in Berlin eine Vorstellung vermitteln sollte, wie der Bündnispartner Friedrich II., König in Preußen, einzuschätzen sei. Der diplomatische Beobachter formuliert hier einen der Gegensätze, die dazu führten, daß zu Lebzeiten Friedrichs und später aus ganz unterschiedlichen Blickwinkeln unzählige „Schubladen" und „Etiketten" herangezogen wurden, um den wohl berühmtesten preußischen König zu charakterisieren. Letztlich erfassen diese aber doch immer nur einen Ausschnitt der widersprüchlichen privaten und politischen Verhaltensweisen der Person Friedrichs. Seine Regierung blieb ein Kontrastprogramm: „Bedingungsloser Gehorsam und Staatsräson, Toleranz und Gerechtigkeit, egozentrische Machtpolitik, aufklärerische Humanität und zynische Menschenverachtung prägen seinen politischen Stil." (Lew Homann). Friedrich II. ist auf keinen einheitlichen Begriff zu bringen.

Um so ergiebiger ist die Beschäftigung mit einigen Facetten der Person Friedrichs, wie sie die Ausstellung „Friedrich der Große – König zwischen Pflicht und Neigung" im Sommer 2004 in Bad Pyrmont zeigt, die auch der Anlaß für dieses Buch ist. Die Begriffe Pflicht und Neigung beschreiben bereits die Kronprinzenzeit. Die Eltern konnten kaum gegensätzlicher sein: Der an Literatur und Kunst interessierten Sophie Dorothea von Hannover galt das Mitleid als Gattin des „Soldatenkönigs" Friedrich Wilhelm I., der auf seine Sparsamkeit, auf Pflichtbewußtsein und seine Arbeitswut stolz war. Mit minutiösen Anweisungen wollte er den Sohn auf sein Königtum vorbereiten, ohne den Neigungen des Kronprinzen Raum zu geben. So sehen viele Biographen im Vater-Sohn-Konflikt den Schlüssel zu Friedrichs Person. Beim Vater wurde Friedrich zum „Schuft von einem Fritz" – nach dem mißglückten Fluchtversuch von 1730 fand Friedrich Wilhelm I. noch schlimmere Schimpfworte. Als sich der Kronprinz dem Willen des Va-

Bild auf Seite 6: Friedrich der Große. Um 1763 entstand dieses letzte vom König selbst autorisierte Portrait. Johann Georg Ziesenis (1716–1776), Öl auf Leinwand

ters gebeugt hatte, wurde er als „mein lieber Successor" angesprochen – die Distanz zwischen Vater und Sohn blieb. Nicht nur bei den musischen Neigungen schien sie unüberbrückbar. So verfaßte der Kronprinz auf Schloß Rheinsberg seinen „Antimachiavell", eine polemische Schrift gegen die Fürstenwillkür. Als König begann Friedrich II. seine Regierungsarbeit dann auch mit Verfügungen, die ihm später das Prädikat des „aufgeklärten Absolutisten" einbrachten, und Immanuel Kant, den Philosophen aus Königsberg und Untertan Friedrichs im fernen Ostpreußen, schreiben ließen: *„In diesem Betracht ist dieses Zeitalter das Zeitalter der Aufklärung oder das Jahrhundert Friedrichs"*. Dieses Urteil zur Toleranzpolitik des Königs sollte die nachfolgende Geschichtsschreibung bestätigen.

Mit Kant, dem großen deutschen Kopf der Aufklärung, hat der *„Philosoph von Sanssouci"*, wie Friedrich sich selbst sah, jedoch niemals gesprochen und damit wohl eine Chance verpaßt. Ebensowenig schätzte er Goethe, Lessing und die deutsche Literatur seiner Zeit. Sein Faible galt dem französischen Geist, der mit Voltaire und dem Marquis d'Alambert in den Tafelrunden des Königs vertreten war. Mit beiden, vor allem mit Voltaire, pfleg-

„Koenig Friedrichs II. Wachtparade in Potsdam". Das Motiv ist das am häufigsten kopierte Portrait des Königs nach dem Siebenjährigen Krieg geworden. Daniel Chodowiecki (1726–1801), Radierung, 1777.

Adolf von Menzel malte 1850 in romantischer Sicht die „Tafelrunde von Sanssouci". In der Bildmitte sitzt der König, von links Lordmarschall Georg Keith, Voltaire – dem König zugewandt, General von Stille, dann der König, Marquis d'Argens, Feldmarschall James Keith, Graf Algarotti, General Graf von Rothenburg und Lamettrie.
Das Bild ging 1945 im Krieg verloren und ist in einer Kopie von J. Tietze überliefert.
Öl auf Leinwand.

te er einen Briefwechsel, der zusammen mit den Briefen an seine Schwester Wilhelmine, Markgräfin von Bayreuth, ein lebendiges Bild der Persönlichkeit Friedrichs entwickelt.

Mit der hohen Wertschätzung des Militärs stand er dem Vater keinen Deut nach; die Armee wurde sofort nach Regierungsbeginn vergrößert. Auch den Willen zur Pflicht hatte der Vater ihm eingepflanzt: Zwölf Tage nach Regierungsantritt schrieb er an Wilhelmine *„Lebt wohl, Ihr Verse und ihr Melodien, leb wohl Genuß, selbst Voltaire, lebe wohl! Die höchste Göttin ist die Pflicht fortan."*

Während Europa zunächst noch beeindruckt auf das neue intellektuelle, aufgeklärte, kunstliebende Preußen des jungen Königs schaute, machte sich Friedrich auf zum

„Rendezvous des Ruhms", sah sich auf dem Weg zur Eroberung Schlesiens als Caesar, der den Rubikon überschreitet. Es ging ihm um den *„Ruhm der preußischen Waffen und die Ehre meines Hauses"*. Die Warnung des Vaters, niemals einen ungerechten Krieg anzufangen, war ebenso vergessen wie der Wunsch, sich von den absolutistischen Herrschern zu unterscheiden.

Nach dem Zweiten Schlesischen Krieg und dem Dresdner Frieden Ende 1745 feierte denn auch ganz Berlin bereits zu Lebzeiten „Friedrich den Großen", doch für Maria Theresia blieb er *„der böse Mann aus Berlin"*, der den Eroberungskrieg um Schlesien vom Zaun gebrochen hatte und mit Starrsinn trotz aller Rückschläge weiterführte, so daß mehrmals Preußens Zukunft auf dem Spiel stand. Nach den Strapazen des Siebenjährigen Krieges sichtlich gealtert, nannte man ihn „den alten Fritz".

Als „der Große" kehrte Friedrich zur Rolle des aufgeklärten Monarchen zurück, so daß Voltaire auf ihn dichtete: *„Ein großer Herrscher bis zur Mittagsstunde, Am Nachmittag Schriftsteller ersten Ranges, Tagsüber Philosoph voll edlen Dranges, Und Abends göttlich bei der Tafelrunde."*

In der elf Jahre währenden Friedenszeit nach dem Zweiten Schlesischen Krieg und den 23 Jahren nach dem Siebenjährigen Krieg stärkte er den Staat im Innern. Voltaires *„große*[r] *Herrscher bis zur Mittagsstunde"* förderte die Landwirtschaft, verordnete den Kartoffelanbau, sorgte für stabile Getreidepreise. Wichtig war ihm die Trockenlegung des Oderbruchs. Bergbau und Textilmanufaktur erhielten besondere merkantilistische Förderung. Er begann, das Rechtswesen zu vereinheitlichen und schuf damit die Grundlagen für das Allgemeine Landrecht, das nach seinem Tode in Kraft trat.

Bei seinen Verwaltungsmaßnahmen knüpfte er an Bewährtes aus der Zeit seiner Vorgänger an, Neuerungen führte er nur mit entsprechender Erfahrung ein. Alles, was es an Grundsatz-, aber auch an Einzelfallentscheidungen zu treffen gab, ging über seinen Tisch. Alle Fäden der Staatsverwaltung liefen bei ihm zusammen. Pflichtbesessen stand er um vier Uhr, im Sommer sogar um drei Uhr morgens auf. Auf Inspektionsreisen machte er sich vor Ort selbst ein Bild. Leicht kann es für die Beamten nicht gewesen sein, wenn letztendlich alle Entscheidungen auf diese Spitze konzentriert waren und der Einzelne kaum Spielräume besaß. So verstand Friedrich sich selbst „als erster Diener seines Staates".

Dementsprechend gestaltete sich auch sein Tagesablauf, den er am 27. Juli 1740 dem französischen Philosophen Voltaire schilderte: *„Ich stehe um vier Uhr auf, trinke bis acht Uhr Pyrmonter Brunnen, schreibe bis zehn Uhr, lasse bis Mittag Regimenter exerzieren, schreibe bis fünf Uhr und erhole mich des Abends bei guter Gesellschaft"*.

Diese Briefpassage stellt nicht nur den Bezug zu Pyrmont her, zur hohen Wertschätzung der Pyrmonter Heilquellen, sondern signalisiert neben dem hohen Pflichtbewußtsein des jungen Königs auch die Sehnsucht nach Gesprächen im Freundeskreis. Dieser Briefauszug gab den Anlaß dazu, die Ausstellungsreihe über berühmte Kurgäste in Bad Pyrmont nach „Zar Peter der Große" (1999) und „Königin Luise" (2001) im Jahr 2004 mit einer Ausstellung über Friedrich den Großen im Museum im Schloß, der ehemaligen Sommerresidenz der Fürsten zu Waldeck und Pyrmont, fortzusetzen. Das hohe Verantwortungsbewußtsein, die Selbstdisziplin, die musischen und philosophischen Neigungen, der gesundheitliche Aspekt sind bereits im Brief an Voltaire angesprochen. Andere Themen wie das Interesse des Königs an Architektur oder an der Freimaurerei erweitern das Wissen um Friedrich ebenso wie die Skizzierung seiner Jugend und seiner beiden Pyrmont-Aufenthalte.

Die vorliegende Publikation bietet die besondere Möglichkeit, sich mit Hilfe der Beiträge ein Bild zu machen von den Neigungen des Königs. An dieser Stelle möchte ich allen Autoren danken, die diese Schlaglichter entwickelt haben. Ein ganz besonderer Dank geht an die Deutsche Stiftung Denkmalschutz, Frau Gerlinde Thalheim, die zusammen mit ihren Mitarbeiter(innen) diese Veröffentlichung der Monumente-Publikationen der Deutschen Stiftung Denkmalschutz auf den Weg gebracht hat.

Ein zweites Dankeschön geht an die Leihgeber der Ausstellung, die auch die Publikationsrechte ihrer Werke zur Verfügung gestellt haben. Insgesamt 36 öffentliche Museen und Stiftungen, aber auch bedeutende private Sammler haben sich für diesen Sommer von ihren „Schätzen" getrennt.

Ein Projekt dieses Ranges ist heutzutage ohne Sponsoren nicht mehr zu realisieren. Insofern geht mein drittes Dankeschön an diejenigen, die es mit ihrer Förderung ermöglicht haben. Zu nennen sind: das Land Niedersachsen, das auch mit dem Ministerpräsidenten Christian Wulff die Schirmherrschaft übernommen hat, die Stiftung Niedersachsen, der Museumsverein im Schloß Pyrmont e. V., die Stadtsparkasse Bad Pyrmont, der Landschaftsverband Hameln-Pyrmont e.V., der Lions Club Bad Pyrmont, die VGH-Versicherung, die Bad Pyrmonter Mineral- u. Heilquellen GmbH, das Staatsbad Pyrmont, das Steigenberger Bad Pyrmont, die Bad Pyrmont Tourismus GmbH.

Dabei spielt der Museumsverein im Schloß Pyrmont e. V. eine ganz besondere Rolle. Nicht nur, daß er mit erheblichen finanziellen Mitteln das Museum unterstützt, die Mitglieder bringen auch ideelles und ehrenamtliches Engagement in hohem Maße ein. Sie organisieren die Führungen, sie betreiben die Boutique Royale und arbeiten ehrenamtlich als Aufsicht in den Schloßräumen und im Café Fridericus. Stellvertretend für diese einzigartige Kooperation sei an dieser Stelle den Herren Malte Möller und Konrad Plückebaum sowie Frau Marlene Zetzsche gedankt.

Auf diese Weise entsteht gleichzeitig mit der Einweihung des restaurierten Friedrichsdenkmals auf dem Königsberg in Bad Pyrmont ein weiteres „Denkmal" in Gestalt dieser Ausstellung und dieses Buches, die einige Wesenszüge und Lebensabschnitte des großen Preußenkönigs zeigen und Friedrich den Großen als König zwischen Pflicht und Neigung vorstellen.

Museum im Schloß Bad Pyrmont
1. Juni 2004

Dr. Dieter Alfter
Museumsleiter

Der Kronprinz

„Deshalb wünschte ich, daß man dem Knaben die Freiheit ließe, alles zu tun, was er will, daß sein Gouverneur ihm nicht überall nachfolgte ..."

(Friedrich II. 1752, bereits seit zwölf Jahren König von Preußen, in seinem ersten Politischen Testament im Rückblick auf seine eigene Erziehung)[1]

„Ich werde diese Komödie so spielen, daß nichts fehlt."

(Kronprinz Friedrich über die Salzdahlumer Hochzeit mit Prinzessin Elisabeth Christine von Braunschweig-Bevern)

Martina Weinland

Soldatische Strenge und geborgtes Glück

Stationen der Kronprinzenzeit

Geburtszimmer des Kronprinzen Friedrich (II.) im Berliner Schloß. Seine ersten sechs Lebensjahre verbrachte er in weiblicher Gesellschaft am Hof der Mutter.

Am 24. Januar 1712 als erstüberlebender Sohn des Kronprinzenpaares Friedrich Wilhelm und Sophie Dorothea im Berliner Stadtschloß geboren, lastete schon mit Beginn seines Lebens ein hoher Erwartungsdruck auf dem kleinen Prinzen. Der noch regierende König in Preußen, Friedrich I., hatte sehr auf eine Fortführung der jungen Preußendynastie gehofft und, nachdem die ersten beiden Enkelsöhne bereits in jungen Jahren verstarben, noch einmal den Bund der Ehe geschlossen in der Absicht, außer seinem Sohn Friedrich Wilhelm selbst noch für weitere männliche Nachfolger sorgen zu können.

Friedrich II., Kronprinz von Preußen, im Kindesalter. Henriette F. Tassaert (1766–1818), Pastellkreide, gemalt nach 1794. Als Vorlage diente das Doppelportrait von Antoine Pesne, das 1714 den 2jährigen Friedrich mit seiner 5jährigen Schwester Wilhelmine zeigt.

Dies erwies sich mit dem Heranwachsen eines zwar schwächlichen, aber nicht kranken Kindes als unnötig und erscheint heute im Rückblick auf die insgesamt 14 Kinder zählende Nachkommenschaft Friedrich Wilhelms I. und Sophie Dorotheas als unbegründete Sorge. Friedrich I. verstarb, knapp 56jährig, am 25. Februar 1713. Seinem Nachfolger, Friedrich Wilhelm I., werden in den nächsten zehn Jahren sechs weitere Kinder geboren, darunter jedoch nur ein Sohn, der schon bald darauf verstirbt. Erst 1722 kommt ein zweiter, lebensfähiger Prinz auf die Welt: August Wilhelm

(1722–1758). Vor diesem familiär und dynastisch bedeutenden Hintergrund verläuft die Kindheit des Kronprinzen Friedrich, die als besonders behütet bezeichnet werden kann und doch strengen Regeln folgt, wie sie an allen europäischen Höfen gelten.

Von der Geburt bis zu seinem sechsten Lebensjahr verbrachte der Prinz sein Leben in weiblicher Gesellschaft am Hof der Mutter, betreut von einer französischen Hofmeisterin. Hier griff der vorsichtige und zum Mißtrauen neigende König Friedrich Wilhelm I. auf eine ihm aus der eigenen Kindheit wohl bekannte und vertraute Person, Madame de Rocoulle, zurück, die von ihrer Tochter Madame de Montbail unterstützt wurde. Vor allem mit der Erstgenannten unterhielt Friedrich II. eine lebenslange Korrespondenz und Freundschaft. Sie, als ehemalige Erzieherin des für seinen Jähzorn bekannten Königs, wagte es als einzige, sich zwischen Vater und Sohn zu stellen und bei Konflikten zu vermitteln. Ihrer natürlichen Autorität und gleichzeitigen Loyalität dem königlichen Vater gegenüber ist es sicherlich mit zu verdanken, daß Friedrich in seiner Kindheit nicht nur Pflichten, sondern auch Vergnügen kennenlernte.

Feldmarschall und Gouverneur Albrecht Konrad Graf Finck von Finckenstein (1660–1735), Erzieher Friedrich Wilhelms I. und seines Sohnes Friedrich II.. gemalt von Karl Emil Weidemann (1684–1735), Öl auf Leinwand.

Da sich jedoch die Ankunft eines zweiten Stammhalters weiter verzögerte, richtete sich das Augenmerk des in Pflichtbewußtsein und Strenge erzogenen Königs zwangsläufig stärker auf den jungen Kronprinzen und die im geheimen gewährten Flötenstunden endeten für Friedrich mit wütenden Attacken seitens des Vaters. Sicherlich schreckliche Erinnerungen für einen kindlich-weichen, sehr prägsamen Charakter, wie er dem jungen Friedrich von Zeitgenossen zugeschrieben wird und wie es in seinem Politischen Testament von 1752 in den Erziehungspassagen anklingt. Doch zeigt sich in den weiteren Ausführungen des Politischen Testaments, das Friedrich für seinen Thronfolger August Wilhelm bzw. dessen ältesten Sohn Friedrich Wilhelm II. verfaßte, daß mit der zeitlichen

Distanz auch die Einsicht in die Erziehungsmethoden seines Vaters wächst und auch er, König Friedrich, sich nunmehr als unerbittlicher Erzieher zum Preußentum versteht.

Als Kind und heranwachsender Jugendlicher fehlte ihm noch diese Erkenntnis, so daß die Häufung der Vater-Sohn-Konflikte und ihre Steigerung bis zu dem legendären Fluchtversuch 1730, der den Mitverschwörer Hans Hermann von Katte das Leben kosten wird, ihren tragischen Verlauf nimmt. Doch untersteht Friedrich zu diesem Zeitpunkt schon lange nicht mehr einer Erzieherin, sondern seit 1718 dem Feldmarschall und Gouverneur Graf Finck von Finckenstein (1660–1735), einem Getreuen Friedrich Wilhelms und ehemals dessen eigener Erzieher.

Die Finckensteins gehörten zu den einflußreichsten Familien in Brandenburg-Preußen. Lange waren sie darauf bedacht, ihre Unabhängigkeit zu bewahren. In höfische Ämter traten sie erst unter dem Großen Kurfürsten ein. 1660 in Soldau im südlichen Ostpreußen geboren, verlor Albrecht Konrad Finck von Finckenstein seine Eltern früh. Mit 16 Jahren trat er in niederländische Militärdienste, geriet in französische Gefangenschaft und wurde Soldat unter Ludwig XIV. Als Brandenburg-Preußen in den pfälzischen Erbfolgekrieg eintrat, wechselte er 1689 in die Armee Friedrichs III. Seine Beziehungen zum kurfürstlichen, späteren Königshof gestalteten sich enger, nachdem er eine der Hofdamen Sophie Charlottes, Susanna von Hoff, geheiratet hatte. 1704 wurde er einvernehmlich als Prinzenerzieher Friedrich Wilhelms I. Nachfolger des ausscheidenden Alexander Burggraf zu Dohna.

Eher als Mentor denn als Erzieher begleitete er ihn bis zu dessen Hochzeit 1706, wo er das Ehrenamt übernahm, anstelle des Bräutigams die formelle Heirat zu vollziehen. Durch die enge persönliche Verbindung zu beiden konnte seine Berufung am 13. August 1718 zum Prinzenerzieher Friedrichs II. eigentlich nicht überraschen. Seine französischen Umgangsformen entsprachen der höfischen Vorstellung Sophie Dorotheas, seine militärischen Erfolge und sein soldatisches Auftreten denen Friedrich Wilhelms. Da er Kinder in annähernd gleichem Alter wie das Königspaar hatte, wurde vor allem sein 1714 geborener Sohn Friedrich Ludwig zum Gefährten des Kronprinzen. 1729 wurde Finckenstein aus dem Amt des Prinzenerzie-

„Friedrich, wie er in seinem 14ten Jahre Wache steht vor dem Palais seines Vaters" im Jahre 1726, F. D. Fricke, kolorierte Lithographie, nach 1798.

hers entlassen. Zuvor aber fand noch unter seiner Obhut die nach aristokratischer Erziehung vorgesehene Auslandsreise statt.

Sie führte den damals 16jährigen Friedrich 1728 an den Hof des sächsischen Königs August des Starken und zu ersten Liebesabenteuern mit der Gräfin Orczelska, die nicht nur die uneheliche Tochter des sächsischen Königs, sondern auch seine Mätresse gewesen war und angeblich an einer Geschlechtskrankheit litt. Dokumentarisch belegt ist, daß der Kronprinz sich im Anschluß an diese Reise über mehrere Monate hin nicht „päßlich" fühlte und unter ungeklärten Fieberschüben sowie Hautentzündungen litt. Erst später wurde diese sächsische Reise mit der späteren Kinderlosigkeit Friedrichs II. in Verbindung gebracht und dementsprechend gedeutet. Inwieweit diese bis heute nicht geklärte Erkrankung des Kronprinzen auch, da sie dem König bekannt war, dessen Heiratspolitik und die Ablehnung der Pläne seiner Frau mitbestimmt hat, muß

Hans Hermann von Katte, Freund des Kronprinzen, hingerichtet 1730. Georg Lisiewski, Öl auf Leinwand, 1730.

ohne das Vorhandensein wirklich seriöser Dokumente Spekulation bleiben.

Nach dem mißglückten Fluchtversuch des Kronprinzen 1730 wurde Finckenstein, obwohl schon seit einem Jahr nicht mehr im Amt des Gouverneurs, seitens des Königs zur Last gelegt, Friedrich durch die calvinistische Prädestinationslehre in die Irre geleitet zu haben. Doch zu einem echten Zerwürfnis kam es nicht, denn 1733 wurde er von Friedrich Wilhelm zum Feldmarschall befördert. Bei den Unterrichtsfächern erhielt Finckenstein Unterstützung von Informatoren (Lehrern), die Spezialwissen vermittelten. Und hier war es vor allem Jacques Egide Duhan de Jandun, ein hugenottischer Flüchtling, der großen und nachhaltigen Einfluß auf Friedrich nahm und selbst Verfolgungen sowie Verbannungen nach dem mißglückten Fluchtversuch Friedrichs zu erdulden hatte.

Die Familie Duhan stammte aus Jandun, einem Ort in den Ardennen. Hier wurde Jacques Egide am 14. März 1685 geboren. Mit Aufhebung der Glaubensfreiheit verließ seine Familie Frankreich und kam 1687 nach Berlin. Erste Erfahrungen als Erzieher hatte er, knapp 20jährig, bei den Söhnen des Grafen Alexander zu Dohna gesammelt. Als der 31jährige sein Amt als Informator des Prinzen Friedrich antrat, verfügte er über soldatische Erfahrungen und die Eigenschaften eines „hônnete homme“, auf die Friedrich Wilhelm großen Wert legte. Duhan blieb bis 1727 in seiner Funktion als Lehrer. Auch danach stand er in engem Kontakt mit Friedrich und war bis 1730 als Gerichtsrat in Berlin tätig. Im selben Jahr wurde er – Friedrich war nach dem Fluchtversuch in Küstrin inhaftiert – nach Memel verbannt. Mit dem Regierungsantritt Friedrichs 1740 wurde er dessen persönlicher Berater und Geheimrat für auswärtige Angelegenheiten. 1744 erhielt er die Ehrenmitgliedschaft der Berliner Akademie. Die lebenslängliche Anhänglichkeit, die Lehrer und Schüler füreinander empfanden, drückte sich noch einmal aus mit einem Besuch Friedrichs bei Duhan kurz vor dessen Tod am 1. Januar 1746.

J. E. Duhan de Jandun, Erzieher des Prinzen, Monogrammist F. C., Kupferstich, um 1795.

Ansicht der Festung Küstrin. Für zwei Jahre Ort der Strafversetzung Friedrichs. Alberti, Deckfarben.

Erst in Küstrin (1730–1732), in dessen Festung Friedrich nach einjährigen strikten Auflagen wieder einige kleine Freiheiten erlaubt waren und er, augenfällig bemüht um die Anerkennung seines Vaters, sich willig den ihm übertragenen Aufgaben der Landvermessung und Bewirtschaftung ergab, vollzog sich langsam und vorsichtig eine Annäherung zwischen Vater und Sohn, obwohl Friedrich Wilhelm offensichtlich durch Vergabe offizieller Ämter und Würden seinen jüngeren Sohn August Wilhelm weiter begünstigte. Das ohnehin ständig wachsame und schwelende Mißtrauen des Königs konnte der Kronprinz nur durch weitere Zugeständnisse besänftigen. Ein notwendiger Schritt, um wieder nach dem Fluchtversuch, den der König nach wie vor als Landesverrat ansah, seine Gunst oder wenigstens seine Akzeptanz zu gewinnen, bestand darin, sich nicht länger der seit 1727 betriebenen väterlichen Heiratspolitik zu widersetzen, die allerdings im völligen Gegensatz zu der seiner Mutter stand.

Hatte diese eine familiär und dynastisch für Europa in seinen Folgen heute nicht vorstellbare Dimension geplant – Friedrich sollte Amalie, Tochter seines Onkels Georg II. von England, einen Bruder seiner Mutter heiraten – zielte der Vater auf eine familiäre Bindung mit dem (katholischen) Kaiserhaus von Österreich ab. Der Wiener Hof forcierte dieses Vorhaben nachhaltig aus dem Hintergrund und hatte mit der einzigen protestantischen Nichte der Kaiserin, Elisabeth Christine von Braunschweig-Bevern, die für das calvinistisch geprägte preußische Herrscherhaus in Frage kommende Kandidatin gefunden. Schwerlich konnte der König nun den zukünftigen Bräutigam weiter in Küstrin belassen, so daß er ihn am 26. Februar 1732 von dort entließ und zum Kommandeur des ehemaligen Goltzschen Regiments, das in Neuruppin zusammengezogen werden sollte, bestimmte. Zunächst aber reiste Friedrich nach Berlin, wo er sich am 10. März offiziell mit Elisabeth Christine verlobte.

Neuruppin (1732–1736). Da die Verlegung des aus fünf Kompanien bestehenden Regiments noch einige Zeit in Anspruch nahm, außerdem auch die Frage nach einer entsprechenden Unterkunft für den Kronprinzen nicht geklärt war, verzögerte sich dessen Einzug. Vermutlich im April war Friedrich kurz an seinem neuen Wohnort und entschied sich für das Wreechsche Haus als zukünftige Logis. Das Grundstück reichte bis zu der mittelalterlichen Stadtmauer, hinter der sich die ehemalige Schutzwallanlage – ein hügeliges Terrain – anschloß. Friedrich, so der Stadtschreiber Bernhard Feldmann 1732 in seiner Miscellanea historica, ließ die alten Schutzwälle *„mit vielerlei Sorten Bäumen bepflanzen und an ihrem Ende (beim Berliner Thore) mit einem schönen Garten zieren, wodurch der ‚Wall' zum angenehmsten, beschatteten Spaziergang voller Nachtigallen geworden ist."*

Auch wurde eigens für den Kronprinzen eine Tür in die Stadtmauer gebrochen, damit er den auf den Wällen von ihm angelegten Apollo-Tempel im Amalthea-Garten (eine Art Meierei) erreichen konnte. Im Untergeschoß des von sechs Säulen getragenen Pavillons befand sich eine Küche, die der Bewirtung des allabendlich hier zusammenkommenden Freundeskreises diente, dem auch die vom Kronprinzen gezogenen Früchte serviert wurden. *„Ich brenne vor Ungeduld, meinen Wein, meine Kirschen und meine Melonen wieder zu sehen"* schreibt Friedrich häufig in dieser Zeit an Freunde, so im Sommer 1734, als er im Feldlager des Prinzen Eugen am Rhein stationiert war.

Mit der im Juni 1732 beginnenden Stationierung in Neuruppin hatte sich um den Kronprinzen ein Kreis märkischer Adeliger versammelt, der allerdings nicht vergleichbar ist mit den späteren geistvollen Tafelrunden in Rheinsberg und Sanssouci. Die Neuruppiner Zusammenkünfte beschreibt später Theodor Fontane 1862 in seinem ersten Band der Wanderungen durch die Mark Brandenburg: *„Noch ist kein Voltaire da, der seine Pikanterien mit graziöser Handbewegung präsentiert, noch fehlen die Algarotti, d'Argens und Lamettrie, all die berühmten Namen einer späteren Zeit, und Offiziere seines Regiments sind es (...): von Kleist, von Rathenow, von Knobelsdorff, von Schenkendorff, von Gröben, von Buddenbrock, von Wylich, vor allem Chazot. Das Leben, das er mit diesen Offizieren führte, war frei von allen Fesseln der Etikette, ja ein Übermut griff Platz, der unseren heutigen Vorstellungen von Anstand und guter Sitte kaum noch entsprechen dürfte. Fenstereinwerfen, Liebeshändel und Schwärmer abbrennen zur Ängstigung von Frauen und Landpastoren zählten zu den beliebtesten Unterhaltungsmitteln. Man war noch so unphilosophisch wie möglich."*

Dem Vater im nicht so fernen Berlin war dieses Treiben wohl nicht unbekannt, hatte er doch vor Ort seine Spitzel, die Generalmajore Schulenburg und Kleist. Mit einer 25 Punkte umfassenden Instruktion aus dem Jahre 1734 greift Friedrich Wilhelm I. in des Kronprinzen „Liebden" ein, nicht zum ersten Mal: *„Wenn er zu Hause speiset, so soll seine Tafel nicht mehr als von 8 Schüsseln sein, jedes Mal 4 und 4, des Abends aber soll weiter nichts als kalter Braten gegeben werden. Insonderheit befehlen S.K.M., daß an seiner, des Kronprinzen Tafel, nichts gesprochen werde, so wider Gott und dessen Allmacht, Weisheit und Gerechtigkeit, noch wider dessen* *heiliges Wort läuft; desgleichen denn keine groben Scherze noch schmutzige Zoten gesprochen werden müssen..."*

Schon zwei Jahre zuvor, in einem vom 23. Oktober 1732 adressierten Brief Friedrichs aus Neuruppin an den Vertrauten seines Vaters, General Grumbkow, heißt es: *„Ich lebe jetzt, weiß Gott so zurückgezogen, wie nur möglich; (...) Um 8 Uhr soupiere ich, um 9 Uhr ziehe ich mich zurück (...) Nur wenn die Post aus Hamburg kommt, lade ich mir etwa drei bis vier Personen zu Gast und speise mit denselben in meinen Zimmern, da ich die Ausgabe, zehn Personen solch theure Leckerbissen vorzusetzen, nicht machen kann."* Theodor Fontane[2], dem diese Überlieferungen zu verdanken sind, zieht denn auch den Schluß: *„Der hervorstechendste Zug dieser Ruppiner Tage war vielleicht die Geldmisere."*

Hatte Friedrich Wilhelm I. tatsächlich geglaubt, seinen nunmehr volljährigen Sohn dadurch weiter kontrollieren zu können, indem er ihm nur geringste Mittel zukommen ließ, belehrte ihn der Kronprinz, der seit seiner Verlobung sich der finanzkräftigen Unterstützung des Kaisers sicher sein konnte, eines besseren. Zwischen 1732 und 1737 erhielt der Kronprinz regelmäßige Zuwendungen des Kaisers, die sich zwischen 500 und 3.000 Dukaten monatlich bewegten und durch den österreichischen Gesandten Seckendorff überbracht wurden. Erst später, mit dem Umzug in die kronprinzliche Residenz Rheinsberg, entspannte sich Friedrichs finanzielle Lage insofern, daß er neben den Einkünften aus Gut Zernikow noch eine königliche Zulage von 12.000 Talern und noch einmal jährlich eine annähernd gleiche Summe aus den Einkünften des Pferdegestüts Trakehn erhielt.

Hochzeit 1733. *„Ich habe keine Abneigung gegen die Prinzessin, sie ist ein gutes Herz, ich will ihr nichts Böses, aber ich werde sie nie lieben können"*, so beschreibt Friedrich im Februar 1732 seinen ersten Eindruck über seine vom Vater ausgesuchte Braut gegenüber Grumbkow, als er noch hofft, dieser Ehe entgehen zu können. Doch damit konfrontiert, weiter in Küstrin bleiben zu müssen und dem unmittelbaren Zugriff des Vaters, auch dessen Willkür, ausgesetzt zu sein, bricht sein Widerstand zusammen. Am 12. Juni 1733 findet die Trauung des Kronprinzen mit der 17jährigen Elisabeth Christine im braunschweigischen Schloß Salzdahlum statt.

Königin Elisabeth Christine von Braunschweig-Bevern – durch diese Heirat „wird es eine unglückliche Prinzessin mehr geben", urteilt der Kronprinz.
Antoine Pesne, Öl auf Leinwand, um 1750

Warum diese einer eher unbedeutenden Linie entstammende Prinzessin zur Frau des zukünftigen Preußenkönigs ausgewählt wurde, ist bereits gesagt. Was aber führte zu dem anfänglich nicht unbedingt voraussehbaren Scheitern der Verbindung? Elisabeth Christine, als drittes Kind und erste Tochter des braunschweigischen Herzogspaares von Braunschweig-Bevern am 8. November 1715 geboren, hatte, wegen der bescheidenen finanziellen Mittel ihrer Familie, eine auch in Aristokratenkreisen eher geringe Bildung erhalten und war vorrangig in Religion, etwas Musik, kaum Tanz, wenig deutsch und französisch unterrichtet worden und keinesfalls auf ihre Rolle als zukünftige Königin Preußens vorbereitet.

Dies wurde ihr bei der Verlobungsfeier in Berlin 1732 wohl auch deutlich seitens der gebildeten Königin Sophie Dorothea und deren Töchter gezeigt. Wilhelmine, Markgräfin von Bayreuth, die ältere Schwester Friedrichs und immer noch seine Vertraute, berichtet darüber in ihren Memoiren[3]: *„Die Königin lenkte bei Tische das Gespräch auf die künftige Kronprinzessin. Ihr Bruder (...) ist trostlos über dieses Verlöbnis, und nicht mit Unrecht, denn sie ist strohdumm; weiß auf alles nur Nein! oder Ja! zu antworten und dabei so albern zu lachen, daß einem ganz übel wird."*

Diese schon früh einsetzende Ablehnung seitens der weiblichen Mitglieder der Königsfamilie verstärkte sich noch – Sophie Dorothea trug es Friedrich Wilhelm I. immer noch nach, ihre ehrgeizigen Heiratspläne mit England vereitelt zu haben – als der König öffentlich Elisabeth Christine überaus zuvorkommend behandelte und ihr zur Hochzeit Schloß Schönhausen[4] bei Berlin als Wohnsitz übertrug. Tatsächlich aber blieb die noch minderjährige Prinzessin in der Obhut ihrer neuen königlichen Familie und wohnte im Palais Unter den Linden in Berlin, während Friedrich erst zurück nach Neuruppin und 1735 für einige Monate nach Ostpreußen reiste. Diese monatelange Trennung des Kronprinzenpaares war natürlich nicht im Sinne des immer stärker von Gicht geplagten Königs, der inständig auf einen Thronerben hoffte, so daß er Ende 1733 Schloß Rheinsberg erwarb. Elisabeth Christine hatte unterdessen auch ihre Zeit am preußischen Hof genutzt und Unterricht in Tanz und Sprachen genommen.

Rheinsberg (1736–1740). Anläßlich ihrer Hochzeit mit dem Kronprinzen hatte Elisabeth Christine 25.000 Taler Mitgift erhalten, die im Dezember 1733 mit für den Erwerb der Herrschaft Rheinsberg verwendet wurden. Die bis dahin eher unbedeutende märkische Ackerbürgerstadt erlebte nun einen ungeahnten Aufstieg, denn als kronprinzliche Residenz und damit unmittelbar mit dem Hofstaat verbunden, stieg die Nachfrage nach Zulieferern der unterschiedlichsten Gewerbe sprunghaft an. Neben den unmittelbar am prinzlichen Hofe Beschäftigten gehörten dem erweiterten Hofstaat eine stattliche Anzahl Hofangestellte an (zu Spitzenzeiten waren es bis zu 130 Personen), die außerhalb des Schlosses untergebracht werden mußten und durch den Zuzug ihrer Familien die Versorgungsnachfrage steigerten. So wuchs die Einwohnerzahl, die 1736 noch rund 700 Menschen verteilt auf 109 Häuser zählte, um nahezu das Doppelte an und hatte im Todesjahr des Prinzen Heinrich 1802, der Rheinsberg 1744 anläßlich seiner Volljährigkeit von seinem Bruder Friedrich als Geschenk erhalten hatte, die stolze Zahl von 1.813 Einwohnern erreicht.

Neben dem regionalen, wirtschaftlichen Aufstieg für Rheinsberg bedeutete der Einzug in „sein“ Schloß 1736 für den Kronprinzen endlich die Befreiung des immer noch übermächtig auf ihm lastenden und ihn beobachtenden Vaters.

Aus einem Brief vom 3. Oktober 1736, den die Kronprinzessin an ihre Braunschweiger Großmutter Christiane Luise schrieb, ergibt sich ein Einblick in das Leben, wie es sich seit dem Einzug in das von Knobelsdorff umgebaute Schloß zwischen Friedrich und Elisabeth Christine gestaltete: *„Unser Herr hier ist allen voran, ich habe niemals jemanden gesehen, der so fleißig ist wie er. Früh von 6 Uhr an bis 1 Uhr beschäftigt er sich mit philosophischen und anderen schönen Studien, von 1/2 2 bis 3 Uhr dinieren wir, dann trinken wir den Kaffee und bleiben dabei bis 4 Uhr zusammen, dann liest er und studiert er wieder bis 7 Uhr abends; wonach bis 9 Uhr Musik gemacht wird. Dann wird gespielt; das Souper ist 1/2 11 oder 11 Uhr. So geht die Zeit rasch dahin ...“*

Wie sich das Verhältnis der beiden Eheleute nach dem Regierungsantritt Friedrichs 1740 beinahe noch ein halbes Jahrhundert andauernd gestaltete, ist bekannt, so daß im Rückblick auf die spätere Entwicklung über die Rheins-

Schloß Rheinsberg, Georg Wenzeslaus von Knobelsdorff, selbst oft Gast im Rheinsberger Refugium, malte das Bild um 1737, Öl auf Leinwand.

berger Zeit gesagt werden kann: es war ein geborgtes und kurzes Glück für Elisabeth Christine. Doch sind dies Begrifflichkeiten, die vor allem erst im 20. Jahrhundert geläufig wurden. Für eine politische Heirat, wie sie im 18. Jahrhundert in regierenden Herrscherhäusern üblich war, galten andere Regeln. Oft monatelang getrennt, oftmals durch höfisches Zeremoniell gebunden, ergaben sich weit weniger Gelegenheiten des privaten und ungestörten Treffens zwischen zwei Personen, als es heute vorstellbar ist. Insofern hatte das Kronprinzenpaar seitens Friedrich Wilhelms I. die weitestgehende Ungestörtheit eingeräumt bekommen, die damals möglich war.

Dennoch blieb diese Verbindung kinderlos, obwohl Elisabeth Christine des öfteren unter schwangerschaftsartigen Symptomen litt und Hoffnungen am Königshofe weckte. Friedrich hat den Hoffnungen seiner Frau nie öffentlich widersprochen, auch im privatesten Kreis seiner Schwester Wilhelmine gegenüber nicht, so daß die späteren Spekulationen darüber, daß der Kronprinz sich stärker oder sogar ausschließlich Geschlechtsgenossen zugewandt fühlte, zumindest für diesen Zeitraum im Bereich der Mutmaßungen liegt.

Festzustellen bleibt, daß während der Rheinsberger Jahre auch er die Geburt eines potentiellen Erben nicht ausgeschlossen hat und ganz im Gegenteil von der Dringlichkeit des Fortbestehens der Dynastie überzeugt war. Und er verschärft nach seinem Regierungsantritt den Druck auf seinen Thronfolger August Wilhelm, endlich die erwünschte Nachkommenschaft zu zeugen. Dies wird deutlich in seinem Schreiben vom Februar 1744: *„Ich bin kinderlos, kann sterben und betrachte Dich als meinen Erben."*[5] Am 25. September des gleichen Jahres wird der spätere Friedrich Wilhelm II. geboren. Und wieder Friedrich im April 1746 an August Wilhelm: *„Man muss jedoch gestehen, daß die Ehe die nützlichste Torheit der Menschen ist. Ich wünschte, man merkte davon mehr in Deinem Hause. Geschieht das nicht bald, so müßte man Dir den kleinen Prinzen fortnehmen und Dich wie die Leghennen behandeln, denen man die Eier wegnimmt, damit sie neue legen."*[6] 1747 wird dem Thronfolger der zweite Sohn, Friedrich Heinrich Karl, geboren.

Die eigene Nachkommenschaftsfrage war für den Kronprinzen spätestens mit seinem offiziellen Regierungsantritt im Juni 1740 nicht mehr erheblich, hatte er doch schon 1732 in seiner Verlobungszeit dem Minister seines Vaters, Grumbkow, anvertraut: *„Ich werde mein Wort halten, ich werde mich verheiraten, aber nachher sehen Sie zu, was geschehen wird. Guten Tag, Madame und guten Weg!"* Dies sollte übrigens nicht nur für die Kronprinzessin, sondern für einige Wegbegleiter der Rheinsberger Jahre – und damit der Kronprinzenzeit – gelten.

Jean-Antoine Houdons Portraitbüste von 1778 zeigt den Philosophen und Schriftsteller Voltaire (1694–1778) im hochbetagten Alter von 83 Jahren, jedoch mit einer Frische des Ausdrucks, die seiner geistigen Regsamkeit entspricht.

In Rheinsberg fand Friedrich endlich die Freiheit, sich in die Schriften seiner Zeit zu vertiefen, die ihm bislang unter der strengen Aufsicht seines Vaters verwehrt gewesen waren. Eine der ersten philosophischen deutschen Abhandlungen, die der Kronprinz – allerdings in französischer Übersetzung – las, waren die des Mathematikers und Aufklärers Christian Wolff (1679–1754), der u. a. mit seiner Schrift „Vernünftige Gedanken von Gott, der Welt und der Seele des Menschen" die Grundlagen des Rationalismus legte. Etwa gleichzeitig begann Friedrich seine Korrespondenz mit zwei weiteren, damals berühmten Philosophen: Bernhard Le Fontenelle (1657–1757) und François-Marie Arouet Voltaire (1694–1778). Gerade mit letzterem verband ihn eine lebenslange Haßliebe. Voltaire war es auch, dem der Kronprinz seinen während der Rheinsberger Zeit verfaßten „Antimachiavell" zum Redigieren übergab.

Zum Rheinsberger Kreis, der die späteren berühmten Tafelrunden in Sanssouci schon ein wenig vorwegnahm, gehörte Charles Etienne Jordan (1700–1745), Hugenotte, und Theologe, der 1736 die Stellung als Sekretär des Kronprinzen antrat. Als langjähriger Freund kam nach der Zwangspause der Küstriner Festungszeit auch Dietrich Freiherr von Keyserlingk (1698–1745) wieder an den Hof, ferner Heinrich August Baron de la Motte-Fouqué (1698–1774) sowie die schon früher in Neuruppin zum Freundeskreis zählenden Offiziere Chasot und Wylich.

Francesco Graf von Algarotti (1712–1764) gehörte erst ab 1739 dem Rheinsberger Kreis an und nahm später regelmäßig an den Tafelrunden in Sanssouci teil.

Insgesamt zehn Jahre – von 1730 bis 1740 – hatte Friedrich vom Erreichen der Volljährigkeit bis zu seinem Regierungsantritt Zeit, sich vorzubereiten. Er verwandte die Haftjahre in Küstrin darauf, Verwaltungskenntnisse zu erwerben und in Neuruppin die Regimentsführung zu erlernen. In den Rheinsberger Jahren – wiederholt von monatelangen Reisen nach Ostpreußen unterbrochen – entstand durch das Studium der Philosophie und Wissenschaft das geistige Fundament eines umfassend gebildeten und seinen fürstlichen Zeitgenossen überlegenen zukünftigen Königs von Preußen, der schon zu Lebzeiten als Friedrich der Große bezeichnet wurde und 46 Jahre regierte.

Hofmaler Antoine Pesne (1683–1757) portraitierte Friedrichs Wegbegleiter. Von links:

Heinrich August Baron de la Motte-Fouqué, nach 1743

Dietrich Freiherr von Keyserlingk, gemalt in Rheinsberg 1739

Charles Etienne Jordan, 1740

Anmerkungen

1 Friedrich II. „Testament Politique 1752 April-Juli“. Original im Geh. Staatsarchiv Preußischer Kulturbesitz BPH Urk. III, 1 Nr. 21.
2 Theodor Fontane, Wanderungen durch die Mark Brandenburg, Band 1, Berlin 1862, Neuaufl. München/Wien 1991, S. 87.
3 Ingeborg Weber-Kellermann (Hg.), Wilhelmine von Bayreuth, Frankfurt/M. 1990, S. 349.
4 Erst 1740 erhielt Elisabeth Christine Schloß und Park von Friedrich II. geschenkt. Hier verbrachte sie bis zu ihrem Tod (13. Januar 1797) regelmäßig die Sommermonate. Im Winter residierte sie im Berliner Schloß.
5 Gustav Berthold Volz (Hg.), Briefwechsel Friedrich des Großen mit seinem Bruder Prinz August Wilhelm, Leipzig 1927, S. 56.
6 Neue deutsche Biographie, Berlin 1953, Band 1, S. 447.

Der Musiker

„Ich hoffe auch, daß meine Wenigkeit zugleich die Ehre haben wird, Dir die Ohren zu verletzen. Ich bin Komponist geworden und habe soeben mein zweites Konzert vollendet. Es ist ganz leidlich."

(Brief an Wilhelmine, 9. 12. 1732)

„Die Musik gewährt mir Erholung und beruhigt ebenso wie die Poesie meine Sorgen und meine Leiden."

(Gespräch mit de Catt, 14. 5. 1758)

„Beim süßen Klang der Flöte
Verleb' ich meine Tage
In stolzer Ruh';
Zu meiner niedern Hütte
Gelangt die Liebe nicht."

(Arie zu Grauns „Europa galante",
deutsche Übersetzung einer Friedrich dem Großen
zugeschrieben Arie)

Arndt Jubal Mehring

Vom heimlichen Querpfeifer zum königlichen Dekorationsmusiker

Friedrich der Große und die Musik

Hundert Jahre später, 1852, malte Adolph Menzel „Das Flötenkonzert Friedrichs des Großen in Sanssouci" als romantisches Traumbild. Öl auf Leinwand, Ausschnitt mit seiner Lieblingsschwester Wilhelmine (links).

Sich mit Friedrich dem Großen und der Musik zu beschäftigen, heißt, sich auf ein nur vermeintlich erforschtes Gebiet zu begeben, dessen Erkenntnisse hauptsächlich auf Anekdoten, Mutmaßungen und Legenden beruhen. Neben den Berichten über sein Musizieren bezieht sich das auch auf seine Kompositionen, die zu Lebzeiten nicht veröffentlicht werden durften, bis heute nicht vollständig herausgegeben sind und deshalb alles andere als abgeschlossen erforscht betrachtet werden dürfen.

Erschwert wird der Zugang zusätzlich durch den Umstand, daß bis heute die damalige Musizierpraxis mit ihren verschiedenen Strömungen in unserem Verständnis vielfach immer noch in dem von der Romantik verfälschten Bild erscheint. Nicht einmal einen eigenständigen Epochenbegriff gibt es in der Musikgeschichte für diese Zeit, die zwischen Spätbarock und Vorklassik hin und her schwingt. Unabhängig von diesen Gesichtspunkten wird heute oft vergessen, daß die Musik in der damaligen Weltanschauung einen ganz anderen Stellenwert besaß: Zum einen hatte sie im Leben und Sterben eines Menschen Funktionen auszuüben und gehörte deshalb unersetzbar zur Ganzheit des Lebenslaufes, zum anderen war sie ein Teilbereich der Universalbildung, die an jedem europäischen Hof in den Ausbildungskanon insbesondere der Thronerben gehörte. Nach dem Vorbild des französischen Sonnenkönigs sollte der Monarch als Mittelpunkt gewissermaßen von den Planeten der Künste umkreist werden und mit den gewonnenen Inspirationen regieren.

Diese daraus resultierende große Verantwortung, die eben weit mehr als nur den politischen Bereich beinhaltete, hat Friedrich der Große als erster Diener seines Staates und als letzter Monarch des aufgeklärten Absolutismus besonders ernst genommen. Da er zusätzlich eine besondere Leidenschaft für die Musik besaß und sich neben einer gewissen Begabung mit ihr regelmäßig beschäftigte, hat er auf diesem Gebiet – mehr als andere Monarchen – Erstaunliches geleistet. Und mehr noch: Es entsteht das Bild eines Privatmannes, der trotz aller preußischen Beflissenheit oftmals lieber seinen Neigungen nachgegangen wäre, als die Pflichten eines Königs zu erfüllen. Ein Leben im Spannungsfeld zwischen Pflicht und Neigung, mit Hilfe der schönen Künste auf der Suche nach apollinischer Gelassenheit.

Im Zeichen der Muschelornamentik: Der Musikgeschmack Friedrichs des Großen war charakteristisch für die Höfe des aufgeklärten Absolutismus und bestand aus einer Vermischung des neu-neapolitanischen Opernstils mit Elementen des manierierten französischen Musikempfindens. Dieser galante Stil mit seiner schlichten Harmonik und seiner geglätteten Melodiebildung, in dem die Ausschmückung mit Verzierungen und die Darstellung von Affekten wichtiger wurden als die eigentlichen Kompositionen, entfaltete sich am preußischen Hof mit namhaften Musikern zu einer späten Blüte. Hinter diesem Musikgeschmack steckte ein ganz bestimmtes Lebensgefühl, das am deutlichsten in den Bildern des französischen Malers Antoine Watteau mit einer ungeheuren Virtuosität festgehalten worden ist.

Von Friedrich dem Großen sehr verehrt, waren es die Darstellungen der Musikanten und der „fêtes galantes", die den musikalischen Zeitgeist nachhaltig beeinflußten. Als Klangideal kamen diesem Lebensgefühl die eigenwillige Stimmkunst der Kastraten und der Klang der Traversflöte am nächsten. Der empfindsame Ton des neuen Modeinstrumentes, der nur durch die an der Schneide gebrochene Atemluft entsteht, konnte gewissermaßen wie die Lichtbrechung von Kerzenschein in Spiegeln feinste Nuancen hervorbringen. Die hohe Spielfertigkeit der Musiker, verbunden mit einer Vorliebe für Räume mit leichter Überakustik und vergleichsweise schnelleren Spieltempi, führten zu einer Aufführungspraxis, die mit ihrem ästhetischen Anspruch genau diese schwebende Leichtigkeit des Rokokozeitgeistes wiedergab.

Trotz aller Verlockungen darf nicht vergessen werden, daß es sich bei dem von Friedrich dem Großen bevorzugten Geschmack um eine Dekorationskunst handelte, in der der Unterhaltungswert ausschließlich um oberflächliche Verzierung kreiste. Vergleichbar mit dem immer dichter werdenden Rankenwerk der Rocaillen verlor sich auch die Musik in künstlich gezierten Trillern und übertriebenen Affekten. So wurde das Rokoko zum Finale des Barock, ausgeziert mit herrlichstem Schmuck im Zeichen der Muschelornamentik.

Traversflöte von Johann Joachim Quantz. Ebenholz mit Elfenbeinringen. Der empfindsame Ton machte sie zu einem Modeinstrument des Rokoko.

Ein Leben mit Musik: Friedrich der Große wuchs an einem Hof auf, der kulturell weit hinter dem französischen, aber auch anderen europäischen Höfen stand. Hatten sein Großvater, der erste preußische König Friedrich I., und vor allen Dingen seine musisch hochbegabte Großmutter Sophie Charlotte die Grundlagen für eine kulturelle Entwicklung gelegt, kam sie unter der Herrschaft seines Vaters Friedrich Wilhelm I. wieder zum Stillstand. Dieser kürzte, um dem drohenden Staatsbankrott zu entgehen, die Haushaltsausgaben um vier Fünftel, so daß erwartungsgemäß für die von ihm nicht besonders geschätzte Musik regelrecht keine Mittel übrig blieben. *„Der König liebt die Musik nicht mehr als früher"*, berichtete Friedrich am 10. Dezember 1737 in einem Brief an seine Schwester Wilhelmine. *„Er begnügt sich mit seinen elenden Oboisten, die, wie Du weißt, feine Ohren nicht befriedigen können."*

So gab es neben der Militärmusik am preußischen Hof nur noch am Lieblingsort der Königin Sophie Dorothea in Monbijou gelegentlich kleinere Hauskonzerte. Dennoch hat sich Friedrich Wilhelm I. anfänglich um Musikunterricht für seinen Thronnachfolger im Rahmen einer Universalbildung gekümmert: Er schenkte ihm zu Weihnachten 1717 ein französisches Psalmenbuch und ließ ihn von dem Domorganisten und Cellisten des aufgelösten Hoforchesters Gottlieb Hayne im Generalbaßspiel und in der Lehre des vierstimmigen Satzes unterrichten. Erste Eindrücke vom Querflötenspiel erhielt der Kronprinz von einer Militärmusikgruppe, die so gar nicht in das spätere Preußenbild paßte: Im Königsregiment seines Vaters durften nur farbige Soldaten, die sogenannten „Mohrenpfeifer", Querflöte spielen.

Nach diesen kargen Musikerfahrungen entfachte der Besuch am Dresdener Hof 1728 die musische Leidenschaft des Sechzehnjährigen. Die prunkvolle Hofhaltung Augusts des Starken wurde für ihn zum Vorbild für seinen weiteren künstlerischen Beschäftigungsdrang. Unvorstellbar waren die Eindrücke, die einen Besucher bei den Festveranstaltungen in Dresden erwarteten, zu denen die Musik nur einen Teil in der Gesamtdarstellung der Künste bildete: Bei den Planetenfesten gab es mit Musikensembles besetzte Inventionswagen, Wasserjagden auf der Elbe, Roßballette im Zwinger und als Mittelpunkt die großartigen Veranstaltungen im Opernhaus. Hier sah der Kronprinz seine erste Oper und war von der Ausstattung, von der hohen Qualität der Darbietung und von dem Kompositionsstil, der zu dieser Zeit die repräsentative Avantgarde bildete, begeistert.

Als bereits im Mai des gleichen Jahres der Gegenbesuch des polnischen Königs in Berlin erfolgte, gehörten auch einige Musiker der Dresdener Hofkapelle mit zum Geleit. Unter ihnen befand sich der 1. Flötist Johann Joachim Quantz, der sich in einem von der Königinmutter angeregten Konzert hören ließ. Quantz hatte zu dieser Zeit bereits eine steile Karriere vorzuweisen: Er hatte auf Studienreisen durch Europa seine Instrumental- und Kompositionsstudien vervollkommnet, um sich jetzt ganz auf das neue Modeinstrument zu konzentrieren. Dazu gehörte neben dem Spiel auch der Instrumentenbau und das Komponieren speziel-

Johann Joachim Quantz (1697–1773) mit Notenblatt und Traversflöte. Er entwickelte das Modeinstrument technisch weiter. Kupferstich 2. Hälfte 18. Jh.

ler Flötenwerke, die es zu dieser Zeit für das noch junge Kunstinstrument nicht gab. Der feste Wunsch des Kronprinzen, selbst das Flötenspiel zu erlernen, führte bereits während dieses Besuches zu ersten Unterrichtsstunden.

Daß diese Unterweisungen von Anfang an heimlich, ohne Wissen des Königs, stattgefunden haben, ist schwer vorstellbar. Als sich allerdings der Vater-Sohn-Konflikt 1730 zuspitzte, wird es zu dem Musizierverbot gekommen sein, das den Kronprinzen zum heimlichen Querpfeifer machte. Die Eskapaden des Sohnes, sich mondän zu geben anstatt sich mit der Zukunft Preußens zu befassen, führten zwangsläufig zur Eskalation mit dem Vater, deren Folgen ihren traurigen Höhepunkt in der sinnlosen Hinrichtung von Hans Hermann von Katte fanden. Weniger bekannt ist, daß der Groll des Vaters ebenfalls eine Musikerfreundin des Infanten traf: Die Potsdamer Kantorentochter Doris Ritter wurde mehrfach ausgepeitscht und ins Spandauer Spinnhaus geworfen. In ihrem Familienhaus hatte der Kronprinz mit der Sopranistin einige Male musiziert.

Mit diesen martialischen Methoden zurechtgewiesen, wurde er selbst unter schärfsten Bedingungen in der Oder-Festung Küstrin inhaftiert. In dieser schweren Zeit gelang es ihm, mit Hilfe eines Soldaten namens Michael Gabriel Fredersdorf trotz absoluten Musizierverbotes das Flötenspiel fortzuführen. Mit dieser Bekanntschaft begann für Fredersdorf, der selbst ein ausgezeichneter Flötist war, eine steile Karriere: Er avancierte vom Duettpartner zum geheimen Kämmerer des späteren Königs und zu einer Art Geschäftsführer der neuen Oper in Berlin.

Nach der Aussöhnung mit dem Vater begann das janusköpfige Leben des Kronprinzen: Zum einen kam er den Wünschen des Vaters nach, sich zu verheiraten, zum anderen versuchte er in jeder freien Minute seinen musischen Neigungen nachzugehen. Als erstes Refugium dazu

Apollo-Tempel im Amalthea-Garten in Neuruppin, Refugium des Kronprinzen. In dem ursprünglich rundum offenen Bau wurde auch musiziert.

baute ihm 1735 in den Neuruppiner Amalthea-Garten Wenzeslaus von Knobelsdorff einen Apollo-Tempel. Über eine eigens in die Stadtmauer gebrochene kleine Pforte war er nur wenige Schritte von der Wohnung des Infanten entfernt und diente an Sommerabenden als Übungs- und Kammermusikplatz. Zu den Teilnehmern gehörten unter anderem die Musikerbrüder Graun, von denen der Geiger Johann Gottlieb bereits 1732 verpflichtet wurde, während Carl Heinrich ab 1735 als Kapellmeister und Kompositionslehrer in Diensten des Kronprinzen stand. Er hat später bis zu seinem Tod 1759 ebenso die Vorstellungen im neuen Opernhaus geleitet und dazu neben Johann Adolf Hasse alle aufgeführten Werke komponiert.

Auf der Suche nach einem angemessenen Wohnsitz wurde 1736 das Schloß Rheinsberg bezogen, in dem der Thronnachfolger nach eigener Meinung seine vier glücklichsten Lebensjahre verbrachte. Die ehemalige Musikkammer und der zunächst als Konzertsaal genutzte alte Spiegelsaal sind heute als „Lange Kammer“ und „Bildergalerie“ des Prinzen Heinrich erhalten, der das Schloß 1744 von seinem Bruder geschenkt bekam und wiederum umbaute. Der heute zu bewundernde neue Spiegelsaal wurde erst kurz vor der Thronbesteigung 1740 fertiggestellt, so daß er dem angehenden König nur wenige Monate als Konzertsaal diente. Die vergoldeten Stuckelemente mit Musikemblemen und die Türreliefs mit Szenen aus Ovids Metamorphosen belegen eindeutig die Nutzung als Konzertraum: Kraft der Musik wandelt sich der Mensch. Der lichtdurchflutete Saal mit den verspiegelten Fensterpfeilern läßt heute noch erahnen, welche optische und akustische Gesamtwirkung bei Kammermusiken in diesem bedeutenden Konzertraum erzielt wurde.

In dieser unbeschwerten Zeit sind die ersten nachweisbaren Kompositionen Friedrichs des Großen entstanden. In Briefen an seine Lieblingsschwester Wilhelmine, die mittlerweile mit dem ebenfalls Flöte spielenden Markgrafen von Brandenburg-Bayreuth verheiratet war, werden eine Sinfonie, mehrere Soli und zwei Flötenkonzerte erwähnt, die erhalten sind. Die Sinfonie bezieht sich auf die dreisätzige Streicherouvertüre G-Dur mit dem wehmütigen g-Moll Cantabile-Mittelsatz und die Soli für Flöte und Continuo gehören zu den insgesamt 121 Soli aus der königlichen Sammlung, von denen viele weitere bereits in der Rheinsberger Zeit entstanden sind. So schreibt er wiederum an Wilhelmine am 7. März 1735: *„Mein Zeitvertreib ist stets Lektüre und Musik. Ich erlaube mir, Dir das lang angekündigte Solo zu senden. Bitte sage mir, ob es Dir gefällt oder nicht. Der Baß ist ganz von mir, ohne jede Verbesserung von fremder Hand; denn ich habe seit sechs Wochen die halben Noten gelernt. Beim Adagio dachte ich an die lange Zeit unserer Trennung und fand so die Töne schmerzlicher Klage. Beim Allegro belebte mich die Hoffnung auf das Wiedersehen, und beim Presto versetzte meine glühende Einbildungskraft mich nach Baireuth."*

Carl Heinrich Graun (1703/04–1759), Kapellmeister und Kompositionslehrer Friedrichs des Großen, Kupferstich, 2. Hälfte 18. Jh.

Bei den zwei Flötenkonzerten, von denen er das zweite im Brief an Wilhelmine am 8. Dezember 1732 *„ganz leidlich"* findet, handelt es sich aufgrund von Papieruntersuchungen der Charlottenburger Abschriften um diejenigen der insgesamt vier überlieferten Konzerte, deren Stimmen von bis zu fünf verschiedenen Kopisten angefertigt wurden; das ist ein Hinweis auf die behelfsmäßigen Rheinsberger Verhältnisse, in der alle Mitglieder der kronprinzlichen Kapelle an diesen Manuskripten mitarbeiteten. Aus mittlerweile 18 Mitgliedern bestand dieses Orchester, das neben den beiden Graun-Brüdern und Quantz mit den geige- und bratschespielenden Brüdern Franz und Johann Georg Benda prominenten Zuwachs bekommen hatte. Bei den Konzerten im Freien wurde der Cembalist Christoph Schaffrath durch den Lautenisten Ernst Gottlieb Baron oder den Harfenisten Petrini ersetzt.

Als bekanntester Musiker kam 1738 Carl Philipp Emanuel Bach als Hofcembalist hinzu, der fortan neben seinen Pflichten bei Hofe das bürgerliche Kulturleben, besonders in der Entwicklung der aufstrebenden literarisch-musikalisch interessierten Kreise, entscheidend beeinflußte. Mit seinen eigensinnigen, bahnbrechenden Kompositionen, die weitab vom neu-neapolitanischen Stil einzuordnen sind, traf er freilich nie den Geschmack des Königs, was sich dementsprechend in der Bezahlung niederschlug. Als erster Cembalist verdiente er 300 Taler Jahresgehalt, während die anderen Hofmusiker bis zu 2000 Taler erhielten.

Dieser berühmteste Sohn Johann Sebastian Bachs hat nach eigener Aussage beim Regierungsantritt Friedrichs des Großen 1740 in Schloß Charlottenburg das erste Flö-

Den Spiegelsaal in Schloß Rheinsberg konnte Friedrich als Konzertsaal kaum noch genießen, da er erst kurz vor der Thronbesteigung 1740 fertiggestellt war.

tensolo des neuen Königs ganz allein auf dem Flügel begleitet. Ein wichtiger Hinweis darauf, daß Soli auch ohne Baßverstärkung nur mit einem Tasteninstrument begleitet wurden. Leider ist nicht mehr feststellbar, ob es sich bei dem erwähnten „Flügel" um ein Cembalo oder einen Hammerflügel handelte. Ebenfalls ist nicht bekannt, welche Komposition(en) aufgeführt wurden: Die Überlieferung, der König habe ausschließlich eigene und die Werke von Quantz gespielt, ist wenigstens für die Zeit bis zum Siebenjährigen Krieg nicht haltbar, da allein von den Hofmusikern zahlreiche Flötenkompositionen erhalten sind, die selbstverständlich ausprobiert wurden. Noch 1771 erhielt der König von seiner Schwester Anna Amalia eine für ihn geschriebene Sonate. Daneben sind unzählige Kompositionen von Benda und anderen Musikern in Rheinsberg 1740 verbrannt, während die zum Druck bereitliegende Gesamtausgabe der Werke Hasses bei der Bombardierung Dresdens 1760 von Friedrich dem Großen und seinen Truppen höchstpersönlich vernichtet wurde. Der Raum in Schloß Charlottenburg, in dem dieses erste Solo stattgefunden hat, ist nebenbei bemerkt nicht das heute zu besichtigende Konzertzimmer im Neuen Flügel. Dieses wurde frühestens 1743 fertiggestellt.

Das war die Zeit, in der bereits das neue Opernhaus am 7. Dezember 1742 übergangsweise mit der Uraufführung von Grauns „Cleopatra e Cesare" Eröffnungspremiere gefeiert hatte. Mitten zwischen den beiden Schlesischen Kriegen ging der Wunsch Friedrichs des Großen in Erfüllung, eine auf europäischem Niveau repräsentative Oper zu unterhalten. Der Prachtbau entstand nach Plänen von Knobelsdorff „Unter den Linden" an der gleichen Stelle, wo auch heute noch die Staatsoper Berlin ihren Platz hat.

In jeder Saison fanden fortan wöchentlich zwei aufwendige Aufführungen statt. Für diese Vorstellungen wurden die bekanntesten Solisten verpflichtet, die in Berlin eine wahre Operneuphorie auslösten. Zu ihnen gehörten die Sängerinnen Astrua, Mara als erste deutsche Primadonna, die Kastraten Porporino und Concialini und die

Die Oper Unter den Linden, Friedrichs „Tempel der Musen", sollte eine architektonische Sensation werden. Der heutige Innenraum vermittelt eine Idee von der Atmosphäre einer Hofoper.

Tänzerin Barberina. Für die Ausstattung sorgte der begehrteste Bühnenbildner Giuseppe Galli da Bibiena. Die Libretti zu diesen heute vergessenen oder verlorenen Werken wurden vom König selbst ausgesucht und anschließend in die italienische Opernsprache übertragen oder nach seinen Wünschen abgeändert.

Das Textbuch zu Grauns „Montezuma" stammt in der Ursprungsform als französischer Prosatext sogar vom König selbst. Die Geschichte, die von der Anklage der Barbarei gegen die katholische Kirche handelt und als politischer Seitenhieb gegen die Habsburger gedacht war, stand in der Saison 1755/56 auf dem Spielplan, kurz vor Beginn des Siebenjährigen Krieges ganz gewiß eine zweifelhafte Propagandaveranstaltung.

Die Vorstellungen begannen in der Regel um 18 Uhr: Fanfaren aus den Proszeniumslogen erklangen, wenn der König den Zuschauerraum betrat und in den ersten beiden Parkettreihen direkt hinter dem Kapellmeister Platz nahm, um mitzudirigieren oder während der laufenden Vorstellungen mehr oder weniger aufführungspraktische Hinweise geben zu können. Aus 38 Musikern in der Besetzung mit zwölf Violinen, vier Violen, vier Violoncelli, drei Kontrabässen, vier Flöten, zwei Fagotten, zwei Hörnern, vier Oboen, einer Theorbe, einer Harfe und dem Continuocembalo bestand das Opernorchester, eine für damalige Verhältnisse außergewöhnliche Besetzung. Die meist namhaften Orchestermitglieder hatten außerhalb der Opernaufführungen den König auch bei seinen Kammermusiken zu begleiten. Diese Flötenkonzerte fanden in den warmen Monaten ab 1748 in dem berühmten Konzertzimmer in Schloß Sanssouci statt und bildeten den intimen Gegensatz zur öffentlichen Oper, zu der jeder kostenlosen Zutritt hatte, der angemessen gekleidet war.

In den 16 Jahren zwischen der Thronbesteigung und dem Siebenjährigen Krieg gab es in Berlin einen musikalisch-kulturellen Aufschwung. Neben den vielbeachteten öffentlichen Opernaufführungen und den privaten Kammerkonzerten, die ihre Entsprechung in den bürgerlichen Hausmusiken finden werden, bezieht sich diese Feststellung ebenfalls auf die zahlreichen musiktheoretischen Werke, die aus dem Umkreis der Musiker Friedrichs des Großen entstanden. Dazu gehören neben den Publikationen von Friedrich Wilhelm Marpurg, Johann Philipp Kirnberger, Christoph Nichelmann und Christian Gottfried Krause besonders die Sing- und Instrumentalschulen von Pier Francesco Tosi/Johann Friedrich Agricola „Anleitung zur Singekunst", Johann Joachim Quantz „Versuch einer Anweisung die Flöte traversiere zu spielen" und Carl Philipp Emanuel Bach „Versuch über die wahre Art das Clavier zu spielen". Die darin zu findenden aufführungspraktischen Hinweise enthalten die einzigen annähernd verbindlichen Fachangaben über das Musizieren dieser Epoche.

In diese kulturelle Blütezeit fällt auch der Besuch Johann Sebastian Bachs, der 1747 am Hofe und auf der Orgel der Heilig Geist-Kirche in Potsdam konzertierte. Die Anregung Friedrichs des Großen, über ein von ihm gestelltes Thema kontrapunktisch zu improvisieren, hat neben vielen Legenden zu einem der bedeutendsten Kammermusikwerke der Musikliteratur geführt: Das „Musikalische Opfer", eine Sammlung von Kompositionen über dieses königliche Thema mit dem Höhepunkt der sechsstimmigen Ricercare, vollendete Johann Sebastian Bach nach seiner Rückkehr und schickte es aus Leipzig dem preußischen König mit folgendem Akrostichon über das Wort „Ricercar": Regis Iussu Cantio Et Reliqua Canonica

Arte Resoluta (Thema auf des Königs Geheiß und noch mehr, in der Kunst des Kanonischen ausgeführt). Eine Reaktion auf diese kostbare Sendung ist nicht bekannt. Daß Friedrich der Große im Schlußsatz seines Flötensolos in der gleichen Tonart c-Moll das einzige Mal einen kontrapunktischen Kompositionsversuch in Form einer Fuge unternahm, und die entfernte Ähnlichkeit mit seinem von Johann Sebastian Bach benutzten Thema, könnten auf einen Zusammenhang hinweisen.

Der Kupferstich von Peter Haas aus dem Jahre 1786 zeigt ein Flötenkonzert in Sanssouci.

In die Zeit bis zum Ausbruch des Siebenjährigen Krieges 1756 sind ebenfalls die übrigen königlichen Kompositionen einzuordnen: Dazu gehört eine zwischen 1743 und 1747 entstandene dreisätzige Sinfonie, diesmal in der Besetzung für Streicher, je zwei Flöten, Oboen und Hörner mit Continuo, welche als einziges Werk – angeblich ohne Wissen des Königs – in einem Stimmensatz veröffentlicht wurde. Ob sie zum Geburtstag der Königinmutter 1747 als Ouverture zu „Il re pastore" erklungen ist, bleibt Spekulation. Zu dieser Serenata, die als Pasticcio (Pastete), das bedeutet als Gemeinschaftswerk verschiedener Komponisten, entstand und die in einer Abschrift erhalten blieb, stammen zweifelsfrei zwei Arien aus der Hand des Königs. Ebenfalls bekannt sind drei Arien zur Oper „Demofoonte".

Im Vordergrund wartet der König auf seinen Soloeinsatz. Dahinter gruppieren sich seine Hofmusiker in der für die damalige Zeit typischen Aufstellung um das Continuoinstrument herum. Als Zuhörer sind nur die Windhunde des Königs zu erkennen, denn die Aufführungen fanden meist ohne Publikum statt.

Weitere Vokalwerke sind entweder verloren oder nicht eindeutig zuzuordnen. Das gilt auch für die Einlegearie „Al suon di dolce canna", die aus der Oper „Europa galante" stammt und seltsamerweise in einer Fassung für Violine und Continuo existiert. Ihr Gesangstext (vgl. S. 33) paßt auf die einsamen Jahre des Monarchen und ist musikalisch in jedem Fall ein typisches Beispiel für den von ihm bevorzugten galanten Graun-Hasse-Stil.

Sicherer als bei den Vokalwerken ist, wie die nachfolgenden Forschungsergebnisse zeigen, der wissenschaftliche Stand bei den Flötenwerken: Sie bilden mit vier Konzerten und mindestens 121 Soli zahlenmäßig den Hauptteil des kompositorischen Schaffens des Königs und erreichen unbedingt das durchschnittliche Niveau verschiedener Werke anderer Hofmusiker. Gibt es bei den Konzerten Zweifel, ob sie unter Mithilfe entstanden sind, hat Friedrich der Große bei seinen Soli neben der Melodiestimme auch die Bässe selbständig komponiert. Insgesamt 102 dieser Soli sind nach Kriegsverlusten in Abschriften, aus denen der König und seine Musiker gespielt haben, und in der Auswahlausgabe von Philipp Spitta aus dem Jahre 1889 in Berlin erhalten. Zusammen mit Werken von Quantz bildeten sie den Grundstock von 274 Soli und 300 Konzerten, die die Programme der allabendlichen Kammerkonzerte füllten.

Eine zeitliche Einordnung der meisten dieser Werke ist regelrecht unmöglich, da abgenutzte Exemplare einfach durch neue Abschriften ersetzt wurden. Jedes Konzert ist in zwei Exemplaren, jedes Solo in jeweils zwei Doublestimmen erhalten, die in Charlottenburg und Sanssouci und schließlich in Potsdam und im Neuen Palais aufbe-

wahrt wurden, damit an den Aufenthaltsorten des Königs immer die gesamte Auswahl zur Verfügung stand. Auf der Titelseite ist jeweils vermerkt, für welchen Ort die Ausgabe bestimmt ist und ob der Komponist „di Quantz" oder „di Federico" ist.

Nicht nur namentlich, sondern auch stilistisch sind diese Soli eindeutig voneinander zu unterscheiden: Die königlichen Werke sind knapper in der Verarbeitung des Materials und haben nicht immer eine klare, vorhersehbare Melodiebildung. Ebenso fallen bestimmte harmonische Überraschungen, holprige Imitationsansätze und gewollte Rückungen auf, die zum einen auf mangelndes Handwerk schließen lassen, zum anderen sich aber wohltuend von der galanten Glätte vieler Flötenwerke seines Lehrers Quantz absetzen und eine gewisse Experimentierfreudigkeit zeigen. Mit einer viersätzigen Ausnahme sind alle Soli dreisätzig in der Satzfolge langsam–schnell–schnell; bevorzugt werden gerade Taktarten, die Tonarten umschließen den Dur-Moll-Bereich bis zu je drei Vorzeichen. Die Bezifferung der Bässe ist bis auf wenige Ausnahmen nicht vorhanden, wobei sich die Akkordergänzung im übrigen fast immer zwangsläufig von der Kombination aus Baß- und Flötenstimme ergibt. Drei Soli haben in Anlehnung an eine Opernszene als Besonderheit im ersten Satz ein Rezitativ mit eingeschobenen Ariosoteilen.

Beim Spielen aller dieser Kleinodien auf historischen Instrumenten wird in jedem Fall klar: Friedrich der Große war ein ausgezeichneter Flötist: Vier-, fünfmal am Tag griff er zur Flöte, spielte bis zu mehreren Stunden und ließ sich sogar auf seinen Feldzügen Instrumente, Noten und Musiker nachschicken. *„Morgen gehen wir über die Neiße,“* schreibt er am 25. September 1741 an Wilhelmine aus dem schlesischen Krieg, *„um danach die Stadt zu belagern. Ist dies geschehen und sind unsere Winterquartiere bezogen, so kehre ich nach Berlin zurück, um die Oper zu hören, die Tänzer springen und die Komödianten lachen zu sehen. Denn es ist recht und billig, daß die Freude auf den Schmerz folgt, und daß es nach all den Zeiten der Mühsal auch eine für die Ruhe gibt.“*

Friedrich der Große: Solo für Flöte und Basso continuo D-Dur, Kopistenabschrift, aus der der König gespielt hat.

So überspannt das klingen mag: Der Feldherr hat abends lieber in Begleitung eines erhaltenen Reisecembalos gemäßigt auf seiner liebevoll „principessa“ genannten Flöte geblasen, als sich für imposante Militärmusik zu begeistern. Demzufolge gibt es von ihm nur wenige Militärmusikkompositionen, wovon nur ein einziger Marsch in Es-Dur und ein mehrfach umgewandeltes Marsch-Fragment eines im Kriege verlorengegangenen Autographen unmißverständlich dem Monarchen zuzuschreiben sind: Der Es-Dur-Marsch wurde in einer zweistimmigen Fassung für Oboe und Fagott einem Hofmusiker mit der Bitte übergeben, eine Zweitstimme für Trompete zu ergänzen. Dank dieser Anordnung läßt sich eine Militärmusikbesetzung rekonstruieren, die nichts mit den pompösen, romantischen Nachbearbeitungen gemein hat.

Hat sich Friedrich der Große als König in seiner Kompositionstechnik nicht mehr weiter entwickelt und das Schreiben später bis auf die Vollendung des letzten Quantzschen Flötenkonzertes, gänzlich aufgegeben, so garantierte ihm die Instrumentalausbildung ein Spiel bis ins hohe Alter. Die Berichte von Musikern und dem englischen Musikjournalisten Charles Burney bestätigen das. Burney rühmte bei seinem Besuch 1770 in Potsdam ausdrücklich das Adagio-Spiel, während er feststellte, daß der König in langen Passagen häufiger zwischenatmen mußte, als es die Melodie gestattete. Friedrich der Große war zu diesem Zeitpunkt 58 Jahre alt!

Wie Burney völlig zurecht bemerkte, war der am Preußischen Hof gepflegte Musikstil bereits verzopft. Die Avantgarde spielte sich jetzt in Mannheim und zunehmend in Wien ab, wo der endgültige Abschied von dem spätbarocken Dekorationsstil eingeleitet wurde, um die Sturm-und-Drang-Ideen voranzutreiben. Der auf den ästhetischen Idealen des Königs aufgebaute Musizierstil verkam zu einem Abschiedskonzert des aufgeklärten Absolutismus. Der Flötenspieler von Sanssouci verblaßte zum königlichen Dekorationsmusiker. Deutlich wird das im letzten, 1768/69 entstandenen Konzertzimmer im Neuen Palais. Mondfahl schimmerndes Silber ersetzte das glänzende Gold, das gerade noch in Sanssouci neben der friderizianischen Sonne erstrahlte. Die Agonie des Barock erreichte ihr letztes Stadium. Bedeutende Hofmusiker, wie Carl Philipp Emanuel Bach, hatten Potsdam inzwischen verlassen oder waren, wie Carl Heinrich Graun, gestorben. 1779 griff der unermüdliche König zum letzten Mal zu seiner geliebten „principessa“: Die fortschreitende Gicht und der Verlust des zweiten Schneidezahns machten ein Weiterspielen unmöglich. 1781 schließlich besuchte er noch ein letztes Mal die Oper.

Erst nach den politischen Umstürzen, die ein neues Gesellschaftsbild zur Folge hatten, wurde eine Genrefigur des Königs im romantischen Nebel neu geboren, die letztlich in dieser scheinbaren Realität, in diesem trügerisch, preußischen Traumbild des flöteblasenden Königs, die Zeiten bis heute überdauert hat. Es ist die gegenwärtige Aufgabe, Friedrich den Großen und seine Musiker von diesem Schleier zu befreien, der bis heute ein Trugbild der damaligen Bedeutung der Musik und ihrer Aufführungspraxis überliefert hat. Erst danach ist eine Entscheidung zu treffen, ob diese Musik heute noch etwas auszudrücken vermag und deshalb den Aufführungskanon zukünftiger Konzertprogramme und Opernspielpläne bereichern kann. Das Publikum, das jedes Jahr zu Tausenden zu den Schlössern in Rheinsberg, Charlottenburg und Potsdam pilgert und durch die verstummten Konzerträume schlendert, ist neugierig ...

Literatur:

Charles Burney, Tagebuch einer musikalischen Reise, Reprint der Ausgabe Hamburg 1772/73, Kassel 2003.

Heinz Becker, Friedrich II., Die Musik in Geschichte und Gegenwart, Kassel 1955.

Tilo Eggeling, Raum und Ornament, Regensburg 2003.

Egon Friedell, Kulturgeschichte der Neuzeit, München 1976.

Friedrich Wilhelm Prinz von Preußen, Kirsten Heckmann-Janz, Sibylle Kretschmer (Hg.), „... solange wir zu zweit sind." Friedrich der Große und Wilhelmine Markgräfin von Bayreuth in Briefen, München 2003.

Hans-Dieter Hausmann (Hg.), Erster Diener seines Staates, Friedrich der Große in ausgewählten Zitaten, Heusenstamm 2002.

Anna Eunika Röhrig, Die heimliche Gefährtin Friedrichs von Preußen, Taucha 2003.

Peter Rummenhöller, Die musikalische Vorklassik, Kassel 1983.

Siegfried Schwanz, Friedrich II. Jugendjahre, Karwe 2001.

Philipp Spitta, Friedrichs des Großen Musikalische Werke, Wiesbaden 1889.

Gert Streidt & Peter Feierabend (Hg.), Preußen Kunst und Architektur, Köln 1999.

Georg Thouret, Friedrich's des Großen Verhältnis zur Musik, Berlin 1895.

Marc Vignal, Die Bach-Söhne, Laaber 1999.

Watteau, Führer zur Ausstellung im Schloß Charlottenburg, Berlin 1985.

Die Magie der Flöte, Staatliches Institut für Musikforschung Preußischer Kulturbesitz, Berlin 1986.

Notenmanuskripte, Staatsbibliothek zu Berlin Preußischer Kulturbesitz, Musikabteilung mit Mendelssohn-Archiv.

Amtliche Schloßführer, Stiftung Preußische Schlösser und Gärten Berlin-Brandenburg.

Der Freimaurer

„Sicher ist, daß die Welt viel älter ist, als wir es vermuten. (...) Die metaphysischen Fragen bleiben jenseits unseres Begriffsvermögens. Vergebens suchen wir die Dinge, die unser Begreifen übersteigen, zu entschlüsseln, und in dieser törichten Welt gilt die wahrscheinlichste Mutmaßung als das hervorragendste System.

Meines besteht darin, das höchste Wesen zu verehren, das einzig gut, einzig barmherzig ist und schon daher meine Verehrung verdient; soweit ich vermag, den Menschen, um deren Elendigkeit ich weiß, Hilfe und Stütze zu sein; mich ansonsten auf den Willen meines Schöpfers zu verlassen, der über mich verfügt, wie ihm gutdünkt, und von dem ich, komme, was kommen mag, nichts zu fürchten habe. Ich schätze, dies ist so ungefähr mein Glaubensbekenntnis."

(Friedrich an Voltaire, 8. Februar 1737. Voltaire wurde erst 1778 in Paris in eine Freimaurerloge aufgenommen.)

„Großer Baumeister aller Welten, wir bewundern Deine Weisheit und Größe im Weltall; wir bewundern sie vorzüglich im Menschen, der allein, obgleich nur unvollkommen, Dich erkennen und anbeten kann. Segne den Bund der Freundschaft, den wir mit dem Suchenden schließen wollen. Verleihe ihm und uns allen Licht und Kraft, das Gute zu erkennen und mit Eifer und Standhaftigkeit zu üben, damit der Zweck der Freimaurerei erfüllt werde."

(Ritual der Großloge der Alten, Freien und Angenommenen Maurer von Deutschland, 1983)

Titus Malms

Das Freimaurertum Friedrichs des Großen

Zwischen Ideal und kritischer Distanz

Im Sommer 1738 stellte Kronprinz Friedrich das Aufnahmegesuch in die Freimaurerloge. Wenig später malte Antoine Pesne das Portrait des herangereiften Kronprinzen, der schon den Purpurmantel trägt. Öl auf Leinwand.

Zwischen den beiden vorangestellten Zitaten liegen rund 250 Jahre. Doch wird schon auf den ersten Blick deutlich, daß das existentielle Denken des Kronprinzen bereits vor seiner Aufnahme in die Bruderschaft von den gleichen Prinzipien bestimmt wurde, wie sie für die Freimaurerei noch heute weltweit verbindlich sind: Beide unterstellen eine weltenbauende höchste geistige Kraft, die über Zeit und Raum erhaben ist, und beide verpflichten sich zu humanitärem Handeln im Leben. Bei allem Skeptizismus gegenüber den letzten Fragen hat Friedrich das Dasein Gottes und die Gültigkeit sittlicher Grundsätze nie geleugnet. *„Ich kenne Gott nicht, aber ich bete ihn alle Tage auf Vorschuß an."* Seine elegante Dialektik korrespondierte durchaus mit der weltanschaulichen Nähe zu der neuen Gesellschaft, die auch sogleich seine Ideen zu inspirieren begann. Ausgelöst aber wurde sein Aufnahmewunsch bezeichnenderweise durch einen leidenschaftlichen Augenblick, durch ein kühnes Wort von einem Charakter, der ihm imponierte. Dergleichen hat immer sein Interesse entzündet.

Die Freimaurerei wurde als Vereinigung gegründet, die ihre Mitglieder auf sittlicher Grundlage zu der Vervollkommnung des eigenen Ichs und zur Ausbildung einer selbständigen Persönlichkeit führen will. Sie strebt dies auf der Grundlage des Brauchtums an, wie es sich durch die Dombauhütten des Mittelalters entwickelt hat.

Zu dem Zeitpunkt, als diese Tradition zu versiegen drohte, da kaum noch Kathedralen gebaut wurden, schlossen sich in London 1717 vier Bauhütten zu einer Großloge zusammen, um das jahrhundertealte Ideal der Verbrüderung aller Bauleute symbolisch hinüberzuretten in eine neue Zeit. Und die Epoche der beginnenden Aufklärung war reif für diese Idee. Der Gedanke griff auf den Kontinent über und erreichte 1737 auch Hamburg, wo im Dezember die erste deutsche Loge mit der Arbeit begann.

Thron und Altar als Verkörperungen der real existierenden Mächte sahen in diesem die Nationen und Religionen übergreifenden Bund irrigerweise eine ernste Gefahr für ihre eigene Existenz. Der damaligen hierarchisch gegliederten Gesellschaft, die so vielfältige Standes- und Glaubensunterschiede kannte, mußte es unheimlich sein, daß hier mehr die verbindenden als die trennenden Elemente zwischen den Menschen betont wurden. So erwarb sich die Freimaurerei schnell die Gegnerschaft der dogmatischen Kirche ebenso wie der absolutistisch regierten Staaten.

Am 28. April 1738, also knapp drei Monate vor dem Aufnahmegesuch Friedrichs, hatte Papst Clemens XII. mit seiner Bulle „In eminenti" den weltlichen und geistlichen Behörden anbefohlen, *„weder in die Gesellschaft der Freimaurer einzutreten, noch die Gesellschaft fortzupflanzen, noch sie zu schützen, noch sie in Häuser oder Paläste aufzunehmen"*, andernfalls sie mit der schwersten aller Kirchenstrafen, der Exkommunikation, geächtet würden. In Frankreich, Italien, Schweden, Polen, Spanien, Portugal und der Schweiz kam es in der Folge zu massiven Verfolgungen bis hin zur Todesstrafe. Erst vor diesem düsteren Hintergrund gewinnt Friedrichs Wunsch um Aufnahme jene Dynamik, die sich allen Beteiligten sogleich mitteilte. Wir wissen recht gut, wie sich das folgenreiche Geschehen entwickelte.

König Friedrich Wilhelm I. trat am 8. Juli 1738 eine Reise an, die ihn mit seinen ältesten Söhnen und mehreren Generälen über Minden nach Wesel zur Truppenvisitation und weiter nach Holland zum Prinzen von Oranien führte. Auf der Rückreise berührte man Braunschweig und war am 18. August wieder in Berlin. Das geschichtlich Bedeutsame daran: Auf der Hinreise kam es zur Bitte Friedrichs um die Aufnahme, die auf der Rückreise, trotz der eingeschränkten Kommunikationsmöglichkeiten der Zeit, auch bereits vollzogen wurde! Das dafür erforderliche Szenario setzte also eine erstaunliche Maßarbeit voraus.

Am 12. Juli nahmen die Hohenzollern in Minden eine große Parade ab, der sich eine Hoftafel anschloß. Dabei kam man auch auf die neue Sozietät der Freimaurer zu sprechen. Der König, als absoluter Vertreter des Souveränitätsgedankens, sprach sich mit großer Heftigkeit gegen sie aus und erhielt ganz unerwartet energischen Widerspruch. Dieser kam vom regierenden Grafen Albrecht Wolfgang von Schaumburg-Lippe, der die Bruderschaft freimütig und mit beredten Worten in Schutz nahm. Er brachte sogar den Mut auf, öffentlich zu erklären, daß er selbst Freimaurer sei. Dieses Bekenntnis zu einer Gesellschaft, von der es hieß, „die Wahrheit sei ihr Zweck und Vernunft ihr Wegweiser“, machte als Tat eines mutigen Mannes auf den 26jährigen Kronprinzen einen nachhaltigen Eindruck. Das rührte an sein Herz und führte zu seinem spontanen Entschluß, sich einer Gesellschaft anzuschließen, „welche wahrheitsliebende Männer zu Mitgliedern habe“. Die Erinnerung an die eigene demütigende Unterwerfung unter den väterlichen Willen mag dabei ebenso mitgespielt haben wie sein Hang zu verborgenen Freundschaftsbünden: Schon 1735/36 hatte er ja für seinen Rheinsberger Freundeskreis einen geheimen Ritterorden gegründet, in dem der berühmte französische „Ritter ohne Fehl und Tadel“, Bayard, als Schutzpatron verehrt wurde. Nach aufgehobener Tafel nahm er jedenfalls den Grafen beiseite und bat ihn, daß er ihm alle Wege ebnen solle, um in die Bruderschaft der Freimaurer aufgenommen zu werden. Er wünsche aber nicht, daß der König davon erfahre. Damit wurde sein Vorsatz auch zu einem subversiven Akt gegenüber dem frömmelnden Vater, dem er die Opposition nur vordergründig aufgekündigt hatte.

Auch kam die Freimaurerei seinen Aufklärungsidealen, die er den Schriften von John Locke, Christian Wolff und vor allem Pierre Bayle verdankte, dadurch sehr entgegen, daß sie ausdrücklich über kein geschlossenes dogmatisches System verfügte. In der Überzeugung, daß dem Menschen die letzten Wahrheiten ohnehin verschlossen bleiben würden, hatte er dem sächsischen Gesandten von Suhm, der später auch Freimaurer wurde, z. B. schon 1736 geschrieben:

„Der Hauptvorteil, den wir aus unserer Philosophie gewinnen können, ist der, daß wir uns gegen äußere Dinge verhärten und wahre Ruhe und Frieden nur in der eigenen Brust suchen." Und noch entschiedener 1739: *„In der Philosophie bin ich Freischärler. Ich bin fest überzeugt, daß wir die Geheimnisse der Natur nie entdecken werden; und da ich zwischen den Sekten neutral bleibe, kann ich sie ohne Vorurteil betrachten und mich auf ihre Kosten belustigen."*

In dem literarisch und musikalisch gebildeten Grafen Albrecht Wolfgang hatte Friedrich sogleich eine verwandte Seele entdeckt. Ähnlich wie er selbst war auch der Schaumburg-Lipper als junger Prinz vor seinem Vater geflohen. In England trat er als wohl erster deutscher Freimaurer bereits 1724/25 einer Loge in London bei und hatte 1731 schon die Aufnahme des 23jährigen Herzogs Franz I. Stephan von Lothringen (der Gemahl Maria Theresias und nachmalige Kaiser) in Den Haag betrieben. Eine Woche nach dem Mindener Bankett leitete er nun also den friderizianischen Aufnahmewunsch an den ihm bekannten Generalmajor und Geheimen Kammerrat Friedrich Christian von Albedyll, ein Mitglied der „Loge d'Hambourg", weiter und unterrichtete davon gleichzeitig den Kronprinzen. Dieser antwortete am 26. Juli 1738 von „Milan", gemeint ist das Schloß Moyland bei Kleve:

„Mein lieber Graf!

Ich habe mit viel Vergnügen Ihren Brief erhalten, durch den Sie mir Nachricht von den Schritten gaben, die Sie infolge meiner Bitte unternommen haben, die ich Ihnen in Minden ausgesprochen hatte. Ich habe niemals daran gezweifelt, daß ein liebenswürdiger Mann wie Sie keine Gelegenheit versäumen würde, diejenigen, deren Zuneigung er sich erworben hat, sich zu verpflichten. Und in meiner Eigenschaft als Ihr Freund und Ihr zukünftiger Mitbruder, danke ich Ihnen für alle Mühen, die ich Ihnen verursacht habe. Ich hoffe, daß Sie meine Aufnahme niemals bereuen werden. Es wird von Ihrer Klugheit abhängen, ob Sie mich den Abgeordneten Ihrer Brüderschaft nennen wollen oder nicht. Was die Zeit anbetrifft, so glaube ich, sie Ihnen bestimmt angeben zu können. Der König hat beschlossen, um den 10. des nächsten Monats in Salzthal zu sein. [Gemeint ist Schloß Salzdahlum bei Wolfenbüttel, wo der Kronprinz 1733 geheiratet hatte.] *Die Messe* [zu Braunschweig] *wird einen glaubhaften Vorwand für beliebige Fremde abgeben, sich dorthin zu begeben. (...)*

Haben Sie die Güte, mich wissen zu lassen, was hinsichtlich meiner Person beschlossen werden wird. Berühren Sie diesen Gegenstand nicht in dem Brief an Bredow (Überbringer des Briefes)*; haben Sie, bitte, die Güte, ihn zu verständigen, daß es sich um eine hochgestellte Persönlichkeit handelt.*

Ich bin mit vollkommener Hochachtung, mein lieber Graf, Ihr wohlaffektionierter [wohlgeneigter] *Freund*

Federic"

Am 29. Juli wurde in der Loge von Hamburg (ab 1741: „Absalom") über das Gesuch verhandelt. Grundlage dafür war der Brief Albrecht Wolfgangs vom 19. Juli aus Stadthagen an von Albedyll, worin er ihn bat, dem *„Auftrag aus erhabener Hand, die aber zunächst nicht genannt sein will, wenn möglich, eine Gelegenheit zu schaffen, damit der Betreffende in Braunschweig, (...) zum Freimaurer aufgenommen werden kann. (...) Ich selbst, obwohl zum Meister aufgenommen, halte mich nicht für fähig, eine Loge zu leiten."*

Die Hamburger Brüder beschlossen, den Antrag zu genehmigen, und bestimmten eine Delegation, die in dieser äußerst wichtigen Angelegenheit nach Braunschweig reisen und dort amtieren sollte. Bruder Georg Ludwig von Oberg wurde als Meister vom Stuhl, die Brüder Fabian von Löwen und Peter von Stüven zum ersten und zweiten Aufseher und der Bruder Jakob Friedrich Bielfeld zum Sekretär bestimmt, als Wachhabender agierte Rabon, ein Kammerdiener v. Obergs. Dazu kamen noch der Graf von

Schaumburg-Lippe, Graf Georg Ludwig von Kielmannsegge und Friedrich Christian von Albedyll, der über diesen Stand der Dinge informiert wurde und unverzüglich Albrecht Wolfgang ins Bild setzte.

Der Graf schrieb seinerseits an Friedrich: *„Ich sehe es als eine mathematische Gewißheit an, daß der Orden niemals Grund haben wird, den Neuerwerb zu bedauern, den er erfahren wird, wenn aber der hohe Beitritt-Begehrende finden sollte, daß seine Neugierde wenig befriedigt worden sei, und infolgedessen seinen Entschluß bereuen sollte, würde ich es sein, an den er sich dafür halten könnte, ich, der ich nichts tue, als gehorchen, und der von allem höchstens die unschuldige Ursache ist?"*

Wegen einer fiebrigen Erkrankung mußte von Stüven in Hamburg zurückbleiben, so daß der Brief, den Jakob Bielfeld am 24. August an ihn schickte, um ihm die gesamte Aufnahme zu schildern, zu einem wichtigen Zeugnis wird. Leider gelten die Briefe des Logensekretärs, der später noch hohe maurerische Ämter versah, unter quellenkritischen Gesichtspunkten als nicht unproblematisch, insbesondere in Datierungsfragen. Es ist aber zu bedenken, daß der König z. B. ein Werk Bielfelds von 1752 über den Fortschritt der deutschen Wissenschaft, Literatur und Kunst einer scharfen Kritik unterzog, während dieses 1763 (französisch) veröffentlichte Brief-Dokument, das die einmalige Atmosphäre des Braunschweiger Ereignisses schildert, unwidersprochen blieb:

*„Der Herr Baron von O(*berg*), der Herr Baron von L(*öwen*) und ich, wir gingen am 10. August von Hamburg ab, und kamen den anderen Tag abends vor den Toren von Braunschweig an. Der Accise-Einnehmer* [Zollbeamte] *machte seiner Pflicht gemäß Anstalt, unsere Reisegeräte zu untersuchen. Diese bei der Accise eingeführte Ceremonie setzte uns in nicht geringe Verlegenheit. Urteilen Sie nur von unserer Verwirrung. Wir hatten einen großen Koffer mit aufgepackt, welcher mit allen zur Loge gehörigen Möbeln und Instrumenten angefüllet war. Diese Sachen konnten vielleicht alle zu Braunschweig eine Art von verbotener Ware sein. Wir überlegten es einen Augenblick. Wenn der Visitator sich hartnäckig bezeigt und auf die Eröff-*

nung des Koffers gedrungen hätte, so wäre uns kein andrer Weg zu ergreifen übriggeblieben, als uns entweder für Goldmacher oder Marktschreier auszugeben. Allein, wir wurden von dieser Furcht befreit, und vermittels eines Dukaten, welchen ich ihm heimlich in die Hand drückte, zwang ich ihm die öffentliche Versicherung ab, daß er uns für Standespersonen hielt, welche unmöglich den Zoll betrügen könnten.

*Wir stiegen in dem Kornschen Gasthofe ab. (...) Den andern Morgen früh meldete das Donnern der Kanonen von den Wällen uns die Ankunft des Königs von Preußen und seines Gefolges an. Die Gegenwart des Monarchen, und die Menge so vieler verschiedener Fremden, welche die Messe nach Braunschweig gezogen hatte, machte die Stadt außerordentlich lebhaft. Wir nahmen Abrede, daß sich niemand von uns bei Hofe zeigen sollte, ausgenommen der Herr Graf von der Lippe, als welchen wir an den königlichen Prinzen absendeten, um wegen des Tages, der Stunde und des Ortes, so ihm zur Aufnahme am bequemsten erschiene, Befehl einzuholen. Se. Königliche Hoheit erwählten die Nacht zwischen dem 14. und 15., und befahlen, daß solche in unserem Quartier vor sich gehen sollte, welches in der Tat sehr geräumlich war, und sich hierzu in aller Betrachtung überaus wohl schickte. Es hatte nicht mehr als eine einzige Unbequemlichkeit, das war die Nachbarschaft des Herrn von W**, welcher an der Seite unsers Saals beim Eingange ein Zimmer inne hatte, so von solchem bloß durch eine bretterne Wand unterschieden war. Er hätte alles vernehmen und ausplaudern können.*

Dieser Gedanke beunruhigte uns; da aber unsre Hannoverischen Brüder sein glückliches Naturell kannten, daß er, wie man zu sagen pflegt, seine traurige Vernunft gern im Weine ersäufte: so griffen wir ihn bei seiner Schwäche an; wir drangen nach der Mittagsmahlzeit einer nach dem andern in sein Zimmer, und da wir in der Absicht aufgestanden waren, ihm mit vollen Gläsern wacker auf den Leib zu gehen, so versetzten wir ihn gegen Abend in einen solchen Zustand, daß er auch an der Seite einer Batterie, ohne zu erwachen, gar sanfte würde geschlafen haben; und so tat uns bei dieser Gelegenheit der Stab des Bacchus eben die Dienste, die wir sonst von dem verschwiegenen Finger des Harpokrates erwarten. [Dieser legt als Zeichen des Schweigens den Finger auf den Mund].

Kurz, der ganze 14. August wurde mit Vorbereitungen zur Loge zugebracht und ein wenig nach Mitternacht sahen wir den

königlichen Prinzen, in Begleitung des Grafen von W(artensleben), Kapitän bei des Königs Regiment zu Potsdam, ankommen. Diesen letzteren stellte uns der Prinz als einen Kandidaten für unseren Orden vor. Er empfahl ihn, und verlangte, daß dessen Aufnahme sogleich nach der seinigen erfolgen möchte. Er bat uns zuletzt, bei seiner eignen Aufnahme auch nicht eine einzige strenge Ceremonie, so bei dergleichen Fällen etwa gebräuchlich sein könnte, weg zu lassen, ihm nicht das mindeste zu schenken, und ihn für diesmal bloß als eine Privatperson anzusehen. Kurz, wir nahmen ihn mit allen gehörigen und erforderlichen Gebräuchen auf. Ich habe hierbei seine Unerschrockenheit, sein gesetztes Wesen, und das artige Betragen, welches er auch in den bedenklichsten Augenblicken zu erkennen gab, nicht genug bewundern können. Ich hatte mich auf eine kleine Rede gefaßt gemacht, worüber er mir seine Zufriedenheit bezeigte. Nach Vollendung dieser zweifachen Aufnahme eröffneten wir die Loge, und schritten zu unserer Arbeit. Er schien darüber außerordentlich vergnügt zu sein, und verrichtete alles mit ebensoviel Verstand als Geschicklichkeit.

Ich gestehe Ihnen, mein lieber Bruder, daß ich mir von diesem Prinzen, in Ansehung der Zukunft, einen sehr großen Begriff gemacht habe. (...) Alles endigte sich sogleich nach vier Uhr des Morgens. Der Prinz begab sich zurück auf das herzogliche Schloß. Er schien eben so sehr mit uns zufrieden zu sein, als wir von ihm eingenommen waren. Ich, müde von den angenehmen Beschäftigungen dieses arbeitsvollen Festtags, warf mich in mein Bette."

Eine ähnliche Kulisse für zwei Ereignisse:

Friedrich wohnt im Jahre 1740 im Schloß zu Rheinsberg der Zeremonie bei, durch die sein Schwager Friedrich von Brandenburg-Bayreuth in den Freimaurerbund aufgenommen wird. Öldruck nach einem Gemälde, 19. Jh.

Die gleiche Szenerie verarbeitet ein Holzstich: Hier wird die Aufnahme des Kronprinzen in den Bund der Freimaurer im August 1738 in Braunschweig gezeigt, Holzstich, Anf. 19. Jh.

Friedrich bedankte sich für die glücklich vollzogene rituelle Aufnahme zum Freimaurer-Lehrling bzw. für die gleichzeitig vorgenommene Beförderung in den Gesellen- und die Erhebung in den Meistergrad beim Grafen von Schaumburg-Lippe mit seinem Porträt und ließ ihm im September einen Ring überreichen: *„Ich möchte Ihnen womöglich mein Andenken in einer so sichtbaren Weise ins Gemüt flößen, daß es Ihnen fast unmöglich wäre, mich zu vergessen. Zu diesem Zweck habe ich beifolgenden Ring für Sie herstellen lassen, den ich Sie anzunehmen bitte. Er wird Ihnen Züge vergegenwärtigen eines Freundes und Mitbruders im ehrenwerten Orden der Freimaurer, der Ihnen eine unendliche Dankbarkeit dafür bewahrt, daß Sie ihm zur Aufnahme verholfen haben."*

Zwischen dem Kronprinzen und seinem freimaurerischen Paten begann ein umfangreicher Briefwechsel, der endlich auch dazu führte, daß Albrecht Wolfgang eingeladen wurde, am Rheinsberger Kreis teilzunehmen: *„Sie werden hier stets mit offenen Armen aufgenommen werden in der Eigenschaft eines Mannes von Verdienst und Geist, in Ihrer Eigenschaft als Br. (*Bruder*) und unter den gewahrten Wahrzeichen der Freundschaft."* Schließlich eröffnet er ihm auch, daß er inzwischen eine Reihe von Freimaurern um sich versammelt habe, die sich auf die ihnen eigene Art begegneten: *„Ich habe, seitdem ich Ihnen geschrieben habe, die Zahl derjenigen Br.* [Brüder], *die sich durch drei mal drei begrüßen, in meiner Umgebung vermehrt, so daß wir hier eine ziemlich zahlreiche Gesellschaft bilden."* Auf seine Einladung hin reisten folglich auch die Brüder Baron von Oberg und Bielfeld im Sommer 1739 heimlich nach Rheinsberg, um ihn so zu instruieren, daß er später als Meister vom Stuhl handeln und selbst Aufnahmen vornehmen konnte. Wie Fontane berichtet, war zu seiner Zeit noch ein Raum im Schloß zu sehen, der freimaurerischen Schmuck trug.

Das intensive maurerische Beziehungsgeflecht, das sich inzwischen in der „Hofloge" gebildet hatte, trat mit dem Tage deutlich ans Licht, als Friedrich Wilhelm I. starb. So hat der Thronfolger selbst die Brüder dieser sog. Loge „La première" zur Zeit der Thronbesteigung, sogleich am 9. Juli 1740 im „Journal de Berlin" veröffentlichen lassen und sich damit gleichzeitig als Maurer öffentlich zu erkennen gegeben.

Es wurden dort als Brüder genannt: Graf Leopold Alexander von Wartensleben, Erbtruchseß Graf Friedrich Sebastian Wunibald von Waldburg (1745 als Generalleutnant gefallen), Generalmajor Julius Dietrich von Queis, Dietrich Freiherr von Keyserlingk, der von Friedrich nur „Caesarion" genannt wurde, Hans Georg Wenzeslaus von Knobelsdorff (der berühmte Baumeister Friedrichs), Joachim Heinrich von Möllendorff (Generalfeldmarschall und Präsident des Oberkriegskollegiums), Charles Etienne Jordan (Geheimer Rat und Vizepräsident der Akademie

Jakob Friedrich Freiherr von Bielfeld (1717–1770) und Gustav Adolf von Gotter (1692–1762) waren enge Freunde Friedrichs, die ebenfalls Freimaurer wurden. Kupferstiche, 18. Jahrhundert.

der Wissenschaften) und Michael Gabriel von Fredersdorf (Friedrichs „Geheimer Kämmerer"). Dazu kamen der im November nach Hamburg zurückgekehrte v. Oberg und Jakob Friedrich (später Freiherr von) Bielfeld, der in Rheinsberg blieb, um als Legationsrat im Departement für auswärtige Angelegenheiten in preußische Dienste zu treten (später Kurator der Akademie der Wissenschaften). Dieser hatte auch schon am 20. Juni 1740 seinem Schwager, Bruder Peter Stüven, nach Hamburg berichtet:

„Der König hat sich öffentlich für einen Freymäurer erklärt und Se. Majestät haben vergangene Tage [im Schloß Charlottenburg] *eine überaus herrliche Loge gehalten. Ich habe alle Veranstaltungen dazu gemacht, und dabey das Amt des ersten Aufsehers verwaltet; Se. Majestät aber haben den Meisterstuhl selbst eingenommen. Die Neugier des ganzen Hofes war dadurch sehr gereizt. Wir haben Se. Königliche Hoheit den Prinzen* [Au-

gust] *Wilhelm* [jüngerer Bruder Friedrichs und Vater Friedrich Wilhelms II.], *den Herrn Markgraf Carl* [Karl Albrecht von Brandenburg-Schwedt] *und den Herzog* [Friedrich Wilhelm] *von Holstein*[-Beck] *aufgenommen, welche über diese Aufnahme in unsern Orden höchst vergnügt waren."* Das „Journal de Berlin" berichtete ebenfalls über die Mitgliedschaft dieser hochgestellten Brüder, ergänzt um Hauptmann Hartwich Friedrich von Möllendorff, den Pagen des Königs.

Große maurerische Bedeutung erlangte zweifellos noch die vom König selbst Ende Oktober oder Anfang November 1740 vollzogene Aufnahme seines Schwagers, des regierenden Markgrafen Friedrich von Brandenburg-Bayreuth, der zum Begründer der Großloge „Zur Sonne" in Bayreuth bzw. der süddeutschen Freimaurerei wurde. In allen Logenarbeiten bediente man sich im übrigen des englischen Rituals in französischer Sprache.

Der sächsische Hofrat J. U. König notierte im Juli 1740, wenn Friedrich II. in Charlottenburg öffentlich mit seiner Familie und den Offizieren speise, *„ist jedesmal seine erste Gesundheit, wobei er den Hut abnimmt, an die daselbst gegenwärtige*(n) *Freimaurer auf diese Art adressiert: ‚A votre santé, Messieurs mes frères et compagnons', da dann niemand an der Tafel aufsteht, solang er diesen Trunk tut, als allein die daran sitzende*(n) *Freimaurer."*

Wir befinden uns damit an einem merkwürdigen Punkt unseres Themas, denn es ist ein außerordentlich ins Auge springender Umstand, daß alle hier mitgeteilten freimaurerischen Bezüge selbst in umfangreichen Biographien oftmals mit keinem einzigen Wort erwähnt werden. Der königliche Freimaurer existiert vielfach überhaupt nicht. Dabei vollzog der junge Monarch parallel zum „großmütigen Schutz" für die Bruderschaft mit seinen ersten Regierungsmaßnahmen sogleich ein Programm, das inhaltlich vom Absolutismus zur Aufklärung strebte und grundsätzlich einer humanitär geprägten freimaurerischen Geisteshaltung entsprach:

Am ERSTEN Tag sagte Friedrich seinen Generälen, die Armee dürfe *„künftig nicht mehr mit Absicht und Übermut das Volk schikanieren."* Am ZWEITEN Tag ließ er wegen des kalten Frühlings, der eine schlechte Ernte erwarten ließ, die staatlichen Kornkammern öffnen und das Getreide zu vernünftigen Preisen an die Armen verkaufen. Am DRITTEN Tag verbot er das „Fuchteln", das Stockschlagen bei den Kadetten, und stiftete den Orden „Pour le mérite". Am VIERTEN Tag schaffte er den Gebrauch der Folter bei Kriminalfällen ab. Am FÜNFTEN verbot er die „gewohnten Brutalitäten" bei der Soldatenwerbung.

Am SECHSTEN Tag wurde die Zensur wenigstens teilweise aufgehoben. Die Meinung des Herrschers mußte nun nicht mehr zwangsläufig zur herrschenden Meinung werden.

Am SIEBTEN Tag verlangte er einen Bericht über den Zustand der Akademie und ergriff Maßnahmen, um den von seinem Vater amtsenthobenen Philosophen Christian Wolff an die Universität Halle als Professor für Natur und Völkerrecht zurückzuberufen.

Am 23. Tag erging in seiner Handschrift die epochemachende Marginalverordnung, die katholischen Schulen betreffend: *„Die Religionen Müssen alle Tolleriert werden und Muß der Fiscal nuhr das auge darauf haben, das keine der anderen abruch Tuhe, den hier mus ein jeder nach Seiner Faßon Selich werden."*

Am 31. Mai 1746 verfügte er in Pyrmont (!) eine Kabinettsorder, die mit der verordneten Abschaffung der öffentlichen Kirchenbuße die Aufhebung der Priesterherrschaft einleitete.

Wir sehen, wie Friedrich hier in jugendlicher Unbedingtheit zunächst seinen idealen Grundsätzen des „Antimachiavell" treu zu bleiben versucht und wie er auch die neuen sozialen Ideen der Freimaurerei, die sich als „moralische Internationale" (R. Koselleck) verstand, zur Geltung bringen will. Der fürstliche Theoretiker drängt jetzt also zur Tat. So schreibt er noch am 3. Juni an den Mitbruder Francesco Algarotti, er möge unverzüglich nach Berlin kommen: *„Mein Schicksal hat sich gewendet. Ich erwarte Dich mit Ungeduld."* Der Schriftsteller wurde alsbald zum Kammerherrn ernannt und in den Grafenstand erhoben. Dessen „zärtlicher Freund und Diener", Baron

Keyserlingk, hatte Friedrichs Schreiben noch maurerische Grüße „durch die fünf Punkte der Geometrie“ angefügt und gejubelt: *„Der König hat sich als Maurer erklärt und ich desgleichen, meinem Heros folgend.“*

Diesem im allgemeinen ignorierten Freimaurertum Friedrichs steht eine stetige maurerische Überlieferung gegenüber, die sich lange darauf versteifte, die nun folgende Regierungszeit unter das idealisierende Diktum zu stellen, der König habe dem Bunde bis an sein Lebensende „seine volle Achtung und Liebe bewahrt“. Das ist nur insoweit richtig, als er entgegen der andernorts auftretenden Verfolgungen, nicht zu einem Verbot oder auch nur zur Einschränkung der Regsamkeit der Freimaurerlogen schritt. Dies war gewiß nicht wenig, denn so konstituierten sich in seinen Landen zu seinen Lebzeiten immerhin ca. 50 Logen. Es ist aber nicht zu übersehen, daß Friedrich, nach seinem anfänglichen Enthusiasmus und den entschiedenen Aktivitäten, die Freimaurerei „hoffähig“ zu machen, nach 1740 keine Logenarbeit mehr mit seiner Anwesenheit beehrte.

Dies mag zunächst der großen Inanspruchnahme durch die Staatsgeschäfte bis hin zur jahrelangen Kriegsführung, aber zunehmend auch seiner persönlichen Empfindung geschuldet sein. Es wurde ja nun zusehends komplizierter, die schon bald auftretenden Widersprüche, die sich einerseits aus seiner Neigung zu humanitären Idealen und andererseits aus den Pflichten dem Staat gegenüber auftaten, durch praktische Vernunft in verantwortlicher Weise zu versöhnen. Hier wird also eine der Schnittstellen zwischen „Pflicht und Neigung“ sichtbar. Als deutlich wurde, daß er nicht mehr, wie in Rheinsberg, die beiden Sphären zwischen privater Moral und machtpolitischer Staatsnotwendigkeit in Einklang bringen konnte, entschied sich der Erbe der preußischen Krone hier klar für die Pflicht.

Er entsagte damit insbesondere auch den alsbald in der Freimaurerei auftretenden Tendenzen zu esoterischen Schwärmereien, die Europa nunmehr in Diözesen, Priorate und Präfekturen zergliederte. Berlin wurde in deren Verlauf gar zur subalternen Präfektur „Templin" in der VII. Provinz der „Strikten Observanz". Dem König mußten diese seinerzeit neu auftretenden mystifizierenden Logensysteme, insbesondere die Ritter-Spielerei jener sog. „Strikten Observanz", herzlich zuwider sein, in der es von pompösen, doch inhaltslosen Titeln nur so wimmelte. Der auch in Pyrmont praktizierende Arzt von Zimmermann wurde 1786 bei seiner Visite beim Potsdamer Cäsar von diesem direkt darauf angesprochen:

„Was halten Sie, Herr Zimmermann, von den unbekannten Obern?

Ich: Sire, die unbekannten Obern halte ich für abgedankte Hofmeister, und bankrottierte Schriftsteller auf Dachstuben.

König: Haben Sie in Hannover auch solche Schwärmer?

Ich: Einer kam voriges Jahr zu uns, aus Berlin! Er war in alle Weiber verliebt, warb für geheime Orden, eiferte gegen alle Schwärmer, und war selbst der größte von allen ..."

An anderer Stelle klagt der König gegenüber dem Arzt: *„Alchymie und Theurgie* (Wundertätigkeit) *haben jetzt ihren Sitz in der Freymaurerey. Ich verlache diese Narrheiten."*

Es ist übrigens bezeichnend, daß sich Friedrichs Nachfolger, König Friedrich Wilhelm II., gegenüber diesem immer mehr ausufernden Geheimbundwesen äußerst positiv und völlig unkritisch verhalten hat.

Friedrich konnte aber in diesem seit Mitte der vierziger Jahre auftretenden Hochgradsystem, das die Freimaurer als Nachfolger des untergegangenen Templerordens begriff, nicht mehr den Geist der Aufklärung wiedererkennen, der die Freimaurerei in der Zeit seiner Aufnahme ausgezeichnet hatte. Er glaubte weiter an die Macht der Vernunft und nicht an die Mystifikationen unvernünftiger Mächte. So erklärt sich auch manche distanzierende oder gar spöttische Bemerkung über diesen maurerischen Mummenschanz, der endgültig Ende der achtziger Jahre zusammenbrach. Friedrich Nicolai hat uns eine derartige amüsante Stichelei überliefert, die den intellektuellen Misanthropen erkennen läßt:

„Der König sprach einmal mit dem berühmten Maupertuis von der Mathematik, und fragte unter anderm, was die Infinitesimal- und Differentialrechnungen eigentlich wären. Mau-

pertuis sagte ihm die gewöhnlichen Erklärungen, und wollte eine kleine Erläuterung beyfügen. Der König verstand ihn aber nicht, und verlangte, nach einigem Zwischengespräche, er solle sich völlig deutlich erklären. Maupertuis versetzte: ‚Sire! Das geht nicht. Die höhere Mathematik ist wie das Geheimnis der Freymaurer. Durch Erzählen erfährt man es nicht, sondern man muß sich einweihen lassen, um es völlig zu begreifen.' So! rief der König lächelnd aus: Denn mag ich die höhere Mathematik lieber nicht lernen; denn ich merke an mir, daß das Einweihen nicht jedermann hilft."

Mit der Zustimmung Friedrichs wurde am 13. Dezember 1740 die Berliner Stadtloge „Aux trois Globes" eröffnet; Oberhofmarschall Graf Gustav Adolf Gotter amtierte hier zeitweise als Meister vom Stuhl. Ihr schlossen sich auch die Brüder der allmählich zur Ruhe kommenden „Hofloge" an, und sie erwarb 1743 sogar deren Ritualausstattung. Ein Jahr später nahm sie den Titel „Große Königliche Mutterloge zu den drei Weltkugeln" an und arbeitete nunmehr in deutsch. Nachdem diese erste Großloge immer stärker zur „Strikten Observanz" tendierte und schließlich zu ihr übertrat, fühlte sich der König fortan mehr jenen freimaurerischen Strömungen verbunden, die, wie die nachmalige „Große Loge von Preußen, genannt Royal York zur Freundschaft", den englischen Ursprüngen näher standen. Auch die ebenso in Opposition zur Strikten Observanz gebildete „Große Landesloge der Freimaurer von Deutschland", die sich gleichfalls von London vertraglich legitimieren ließ, durfte sich demnach durchaus über das Privilegium des Königs freuen: *„Seine Majestät wird es sich immer zum besonderen Vergnügen gereichen lassen, durch Ihre mächtige Protektion mitzuwirken für den Zweck aller wahren Freimaurerei, nämlich: die Menschen als Glieder der Gesellschaft höher zu bilden, sie tugendhafter und wohltätiger zu machen."* (7. April 1774)

Es ist also sehr genau darauf zu achten, welcher damaligen maurerischen Obödienz die Äußerungen Friedrichs gelten. Je mehr sich deren Lehrart dem „wahren", dem aufklärerischen Geist der Zeit seiner eigenen Aufnahme verpflichtet fühlte, um so freundlicher sein Ton: „*Eine Gesellschaft, die nur daran arbeitet, in meinen Staaten alle Tugenden auf fruchtbringende Weise hervorzurufen, kann immer auf meine Protektion rechnen. Dies ist die rühmliche Aufgabe für einen jeden guten Herrscher, und ich werde nie aufhören, sie zu erfüllen. Hiernächst bitte ich Gott, daß er Euch und Eure Loge in seinen heiligen und würdigen Schutz nehme.*“ (14. Februar 1777 gegenüber der Großloge „Royal York“)

Derartige wohlwollende Äußerungen sind von der maurerischen Überlieferung oft als ungeteilte Wertschätzung verallgemeinert worden. Friedrichs Achtung für die ursprüngliche Maurerei geht aber einher mit seiner Verachtung und anhaltenden Enttäuschung über die seinerzeit grassierende sektiererische Ordenspraxis der Strikten Observanz, der Gold- und Rosenkreuzer, des Klerikalen Systems und anderer umtriebiger Geheimbünde, die alle danach trachteten, den Besitz untrüglicher Weisheiten zu verwalten. Ob die Rolle der Esoterik innerhalb der Arkangesellschaften des 18. Jahrhunderts damit zutreffend gesehen wird, ist eine andere und neuerdings auch wieder umstrittene Frage. Friedrichs Begriff von der Würde des Bundes mißbilligte jedenfalls schon harmlose, gut gemeinte Aktivitäten: Am 13. November 1780 mokiert er sich bei den Brüdern von „Royal York“, sie sollten sich, anstatt wöchentliche Konzerte zu wohltätigen (!) Zwecken zu arrangieren, einzig mit „*dem ersten ehrenvollen Zwecke dieser Brüderschaft beschäftigen.*“ Denn: „*Das heißt mit einem so ehrwürdigen Orden sein Spiel treiben, und Seine Majestät finden sich keineswegs veranlaßt, dergleichen Frivolitäten zu genehmigen, und besonders zu unterstützen.*“

Es ließen sich weitere Belege dafür vorbringen, wie oberflächlich deshalb eine unreflektierte Vereinnahmung des ersten königlichen Freimaurers in die brüderliche Ahnengalerie wäre. Dennoch mußte sich dieser kritische Charakter gerade das in umfangreichem Maße gefallen lassen, und er wurde sogar für einige abenteuerliche Projektionen instrumentalisiert. Es liegen zum Beispiel genug Belege dafür vor, daß der König nicht, wie lange behauptet, an der Gründung des sogenannten „Alten und Angenommenen Schottischen Ritus", einem noch heute existierenden freimaurerischen Hochgrad-Orden beteiligt war, dessen Konstitution auf unhaltbaren gefälschten Urkunden der Gründungslegende beruhte;

– nicht durch den angeblichen militärischen Verrat des Generalmajors v. Wallrave zum Austritt aus dem Bund veranlaßt wurde;

– nicht zugunsten der Bruderschaft bei der sogenannten Aachener Freimaurerverfolgung eingegriffen hat;

– nicht die angebliche Stellung als Großmeister bekleidet hat, auch wenn er als solcher angesprochen wurde (eine Urkunde darüber gibt es nicht, er handelte in freimaurerischen Angelegenheiten, wenn nötig, als souveränes Staatsoberhaupt und nicht als maurerischer Protektor);

– nicht authentisch auf der vielfach reproduzierten Abbildung dargestellt ist, die das rituelle Geschehen bei der Aufnahme des Bayreuther Markgrafen Friedrich vorstellt. Es gibt davon verschiedene Fassungen als Gemälde oder als Kupfer- bzw. Stahlstich, die allesamt erst nach 1778 entstanden und nur frei erfunden sein können. Das Bild wurde übrigens von Kaiser Wilhelm II. allen preußischen Logen zum Geschenk gemacht.

Es ist heute gesicherter Forschungsstand, daß diese und andere legendäre Begebenheiten als bloße Erfindungen zu betrachten sind, wie sie sich nur allzu leicht um eine große Persönlichkeit ranken. Ihn selbst hätte das am wenigsten überrascht: *„Die meisten Geschichtsbücher sind zusammengestoppelte Lügen, mit einigen Wahrheiten untermischt"*, sagt er in der „Geschichte meiner Zeit". Mit seinem Tode verstärkte sich noch der Verklärungs- und Verehrungsprozeß, der ihn, wahrlich nicht nur unter Brüdern, zu einer Zelebrität machte, für die nun die Rolle als historischer „Heldendarsteller" vorgesehen war.

Unabhängig davon hatte die eindrucksvolle Spannweite seines Denkens und Handelns aber schon die besten zeitgenössischen Köpfe elektrisiert. Er galt ihnen als Prototyp des aufgeklärten Fürsten. So hatte der freiheitsdurstige italienische Dramatiker Vittorio Alfieri be-

geistert ausgerufen: *„Unter den Herrschern steht er zur Menge wie Tausend zur einsamen Null“*.
Welchen Anteil daran seine Wirksamkeit für die freimaurerischen Gesellschaften hatte, die doch, wie er einmal einräumte, *„der Geschmack und die Mode des Jahrhunderts allein gebildet haben“*, ist als Bestandteil seiner Biographie vom großen Publikum gar nicht und von der Zunft der Historiker nur sehr eingeschränkt zur Kenntnis genommen worden. Aber in ganz Europa blickten die nach Freiheit, Fortschritt und Brüderlichkeit strebenden Geister auf Friedrich den Großen, ob er nun noch aktiv am Logenleben teilnahm oder nicht. Seine Wandlung vom „Philosoph auf dem Thron“ zum Feldherrn und skrupellosen Machtpolitiker hat ja auch nichts daran geändert, daß *„die Persönlichkeit des großen Königs“*, um mit Goethe zu sprechen, *„auf alle Gemüter wirkte“*.

Selbst in den provinziellen Verhältnissen der kleinen waldeckischen Sommerresidenz Pyrmont, die in der Saison die „Große Welt“ zu Gast hatte, hinterließ die Debatte Spuren.

So verdient hier festgehalten zu werden, daß der König sich bei seinen hiesigen Brunnenbesuchen mit Dr. Seip einen Arzt und Quartiermeister ausgewählt hatte, dessen drei Söhne sich an jenem aktuellen intellektuellen Diskurs bereits beteiligten und damit die ersten Pyrmonter Freimaurer wurden, lange bevor sich eine lokale Bauhütte etablieren konnte. Von Friedrich Ernst, Anton Ludwig und Friedrich Georg Philipp Seip ist bekannt, daß sie allesamt schon Anfang der vierziger Jahre in Halle als Studenten in die Loge „Zu den drei goldenen Schlüsseln“ aufgenommen wurden. Später finden wir sie in der Loge in Göttingen wieder. Es war dann die Göttinger „Augusta zu den drei Flammen“, die erst 1776 die noch heute aktive Bad Pyrmonter Freimaurerloge „Friedrich zu den drei Quellen“ installierte, die ihren Namen allerdings nicht dem Preußenkönig, sondern ihrem Landesherrn Fürst Friedrich zu Waldeck und Pyrmont verdankt.

Seinen symbolhaften Ausdruck fand der Dualismus zwischen dem Menschen und Mitbruder einerseits und der preußischen Majestät andererseits zuletzt noch in der Trauerversammlung, bei der am 20. Juli 1991 auf der Burg Hohenzollern die Brüder zahlreicher Freimaurerlogen sich noch einmal (in Gegenwart von Prinz Dr. Louis Ferdinand von Preußen) um den königlichen Sarkophag scharten, dort nach maurerischem Brauch drei Rosen niederlegten, um so „Friedrich II., genannt ‚der Große', aus der Kette der Hände in die Kette der Herzen" zur letzten Ruhe zu entlassen. Dieser intimen Trauerfeier stand der große Staatsakt gegenüber, mit dem bekanntlich knapp einen Monat später der testamentarische Wunsch des Königs nach einer Beisetzung in der Gruft auf der Terrasse von Sanssouci endgültig im Licht vieler Fernsehscheinwerfer vollzogen wurde. Auf der höchsten preußischen Auszeichnung, dem von König Friedrich I. gestifteten Schwarzen Adlerorden, der den abgetragenen Rock des „Alten Fritzen" zierte, konnte man die Devise lesen: „Suum cuique" – Jedem das Seine.

Benutzte Literatur: (Auswahl)

Otto Bardong (Hg.), Friedrich der Große, in: Ausgewählte Quellen zur deutschen Geschichte, Band 22, Darmstadt 1982.

Karl Demeter, Probleme um das Freimaurertum Friedrichs des Großen, in: Quatuor Coronati, Heft Nr. 2, Bayreuth 1965.

[Franz August v. Etzel], Beschreibung der Säkular-Feier der Aufnahme Friedrichs des Grossen, Königs von Preussen in den Freimaurer-Bund, Berlin 1838.

Die Werke Friedrichs des Großen. In deutscher Übersetzung, 10 Bände, Berlin 1913.

Adolph Kohut, Die Hohenzollern und die Freimaurerei, Berlin 1909.

Reinhart Kosellek, Kritik und Krise, Frankfurt 1973.

Titus Malms, Pyrmonter Spurensuche, Festvortrag zum 225jährigen Bestehen der Pyrmonter Freimaurerloge, Bad Pyrmont 2001.

Thomas Richert, Quellen zur freimaurerischen Tätigkeit Friedrichs des Großen, in: Quatuor Coronati Jahrbuch, Heft Nr. 27, Bayreuth 1990. (Die hier genannten Quellen wurden größtenteils original benutzt.)

Ferdinand Runkel, Geschichte der Freimaurerei in Deutschland, Berlin 1931/32.

Stefan Weber, Fürst und Freimaurer, Friedrich II. von Preußen und sein Verhältnis zur Freimaurerei, in: Quatuor Coronati Jahrbuch, Heft Nr. 38, Bayreuth 2001.

Johann Georg von Zimmermann, Über Friedrich den Grossen und meine Unterredungen mit Ihm kurz vor seinem Tode, Leipzig 1788.

Der Bauherr

„Ich bin ein Kind in diesen Dingen (...) und es sind dies meine Puppen, an denen ich Freude habe."

(Friedrich an Knobelsdorff mit der Aufforderung, über den Baufortschritt der Oper detailliert Bericht zu erstatten.)

„Nichts macht ein Reich berühmter als seine Künste, welche unter seinem Schutz blühen ..."

(Kronprinz Friedrich 1739, ein Jahr vor seinem Regierungsantritt.)

„Ich gestehe, daß ich gern baue und schmücke."

(Friedrich 1758 gegenüber seinem Vorleser, Heinrich Alexander de Catt)

Hans Joachim Giersberg

Kunstgenuß und Repräsentation

Friedrich als Bauherr

Friedrich der Große und der Marquis d'Argens besichtigen den Gruftbau in Sanssouci, der 1744, noch vor Baubeginn des Schlosses, unter dem Weinberg angelegt wurde. „Quand je serai là" soll der König mit Hinweis auf die Gruft gesagt haben, „je serai sans souci!" Johann Christoph Frisch (1739–1815) zeigte das Gemälde auf der Berliner Akademieausstellung von 1802, Öl auf Leinwand.

Das 18. Jahrhundert war ein Jahrhundert der Baukunst. Schlösser, Kirchen und neue Stadtareale mit Bürgerhäusern wurden errichtet. Weltliche und geistliche Territorialfürsten erhoben nach dem Ende des Dreißigjährigen Krieges in der zweiten Hälfte des 17. Jahrhunderts mehr und mehr den Anspruch der Eigenständigkeit, den sie nicht zuletzt in großartigen Schloßbauten zu dokumentieren suchten. Oft überstiegen allerdings die Ansprüche die wirtschaftlichen Voraussetzungen des Landesherrn. Das große Vorbild war das Versailles Ludwigs XIV. Colbert äußerte diesem gegenüber einmal, daß ein Fürst sein Andenken durch nichts so rühmend der Nachwelt hinterlassen könne wie durch die Errichtung von Baudenkmalen. Somit hatten alle deutschen Fürsten das Bild von Versailles im Auge und schufen gewaltige Residenzschlösser. Zu nennen wären Schönbrunn bei Wien, Karlsruhe, Mannheim, Ludwigsburg, Würzburg, Düsseldorf und nicht zu vergessen Berlin. Nicht alle wurden in der beabsichtigten Form gebaut und nicht selten übernahm der Nachfolger mit einem unfertigen Bau auch einen Berg voll Schulden. Der Herrscher wollte aber mit dem Bauwerk nicht nur seinen Namen verbunden wissen, sondern auch unmittelbaren Einfluß auf dessen Planung und Entstehen nehmen. Dies ist ein Wesenszug der gesamten Epoche. Nicht selten entwarf der Herrscher Skizzen für die entsprechenden Bauwerke, wie z. B. August der Starke für den Dresdener Zwinger und Peter I. von Rußland für seine neue Residenz Peterhof bei Sankt Petersburg.

In Brandenburg begann nach den verheerenden Schäden des Dreißigjährigen Krieges der Wiederaufbau nur langsam. Kurfürst Friedrich Wilhelm, der nach der erfolgreichen Schlacht bei Fehrbellin gegen die Schweden 1675 „der Große" genannt wurde, war bestrebt, ein nicht nur politisch starkes, sondern auch ein kulturell bedeutsames Land zu errichten. Neben Schloßbauten in Berlin und Potsdam förderte er die Malerei, die Bildhauerkunst und das Kunsthandwerk, deren Zeugnisse heute noch von der Aufbruchstimmung in der zweiten Hälfte des 17. Jahrhunderts zeugen.

Unter dem Nachfolger, Kurfürst Friedrich III., ab 1701 als Friedrich I. erster preußischer König, steht vor allem die Baukunst ganz im Zeichen der neuen Königswürde. Der Ausbau des Berliner Schlosses durch Andreas Schlüter und nachfolgend durch Eosander von Göthe und der Bau des Charlottenburger Schlosses setzten Maßstäbe. Die Gründung der Akademie der Künste als dritte in Europa und nachfolgend der Akademie der Wissenschaften sind Beispiele, wie Kunst und Wissenschaft in das allgemeine politische Programm einbezogen wurden. Die Stadtschlösser von Berlin und Potsdam waren Konzentrationspunkte der architektonischen Tätigkeit auch in der Zeit der Nachfolger. Die Orientierung auf Frankreich war jetzt allgemein und so ist es nur folgerichtig, daß man z. B. 1710

Die Idee zu einem „Forum Fridericianum", einem städtebaulichen Zentrum mit Königspalast, Opernhaus und Akademie als augenfällige Demonstration der Einheit von Königtum, Kunst und Wissenschaft hatte der Kronprinz mit Knobelsdorff in Rheinsberg bereits entwickelt. Der Kupferstich von J. L. Le Geay zeigt den Opernplatz mit Hedwigskirche, 1748.

den damals noch kaum bekannten Franzosen Antoine Pesne als Hofmaler nach Berlin holte, der hier bis 1757 wirkte und großartige Tafel- und Deckengemälde in den Schlössern schuf. Der politische Aufstieg Brandenburg-Preußens zu einer politischen Macht hatte unter dem Großen Kurfürsten begonnen und unter dem ersten preußischen König Friedrich I. einen Höhepunkt erreicht, dem Kunst und Wissenschaft, vor allem in Berlin, einen königlichen Anspruch gaben.

Das änderte sich 1713 mit dem Regierungsantritt Friedrich Wilhelms I., des sogenannten „Soldatenkönigs" (regierte bis 1740). Der aufwendigen Architektur seines Vaters und Vorgängers setzte er eine einfache Typenbebauung in den Städten, aber eine aufwendige Kirchenarchitektur entgegen. Zu keiner Zeit sind so viele Kirchen entstanden wie unter Friedrich Wilhelm I. So architektonisch arm, wie diese Zeit oft hingestellt wurde, war sie also nicht. Es hatte sich nur die Architektur von ihrer Repräsentation mit königlichen Schlössern und aufwendigen Staatsbauten in einfache Bürgerhäuser und aufstrebende Kirchtürme gewandelt.

Unter Friedrich II., der ab 1745 den Beinamen „der Große" trug, änderte sich die architektonische Auffassung wiederum gewaltig. Die Periode seiner Vorgänger hatte er folgendermaßen charakterisiert: *„Unter Friedrich I. war Berlin das Athen des Nordens gewesen; unter Friedrich Wilhelm wurde es dessen Sparta, der nützliche und tunliche Projekte liebte."* Drei Jahre nach dem Regierungsantritt des Königs stellte Voltaire 1743 bei seinem Besuch in Berlin fest: *„Seine* [des Königs; d. V.] *Sorge richte er nun darauf, die Stadt Berlin auszustatten, eines der schönsten Opernhäuser Europas zu bauen und Künstler aller Art kommen zu lassen; denn er wollte sich mit allen Mitteln und so billig wie möglich Ruhm erwerben (...) Die Dinge änderten sich: Sparta ward zu Athen."* Voltaire stand seit 1736 mit Friedrich in Briefwechsel, der zwar nach einem zweieinhalbjährigen Aufenthalt 1750 bis 1753 in Potsdam in unmittelbarer Nähe des Königs etwas erkaltete, aber bis zum Tode des Philosophen 1778 anhielt.

Schon am 12. August 1739 schrieb er an den Kronprinzen nach Rheinsberg: *„Ein Fürst, der baut, bringt notwendiger Weise auch die übrigen Künste zum Blühen: Malerei, Bildhauerei, das Zeichnen sind das Gefolge der Baukunst."*

Nahezu seine gesamte Regierungszeit, von 1740 bis zu seinem Tode 1786, sollte die Beschäftigung des Königs mit der Architektur anhalten. In das Bestreben, Preußen mit allen Mitteln – und seien es auch kriegerische – eine europäische Dimension zu geben, wurden auch die Bemühungen einbezogen, Kunst und Wissenschaft aus der Bedeutungslosigkeit, in die sie unter seinem Vater geraten waren, herauszuführen. Dies entsprach nicht nur den persönlichen Interessen und Neigungen des auf vielen künstlerischen Gebieten dilettierenden Königs, sondern bestimmte letztlich auch die Reputation des Staates. Der sich einerseits daraus ergebende individuelle Charakter der friderizianischen Kunst widerspiegelt sich vor allem in den königlichen Wohnungen in Berlin, Charlottenburg und Potsdam; andererseits ist diese Kunst, namentlich die der Architektur, von einem hohen Grad an Repräsentation geprägt, was wiederum in den beiden Residenzstädten Berlin und Potsdam deutlich ablesbar ist. Sie sind die künstlerischen Zentren in der friderizianischen Zeit. Aber wie in den Epochen vorher und nachher entwickelten sich die jeweils neuen Tendenzen nicht unter den Augen des jeweiligen Herrschers, sondern fernab in der Provinz. So liegen die Wurzeln der friderizianischen Kunst in Neuruppin und noch mehr in Rheinsberg.

Nach der gescheiterten Flucht 1730 nach England, der nachfolgenden Festungshaft in Küstrin und letztlich seiner Einwilligung in die Heirat mit der Braunschweigischen Prinzessin Elisabeth Christine im Jahre 1733 konnte sich der Kronprinz als Chef eines Infanterieregiments in Neuruppin eine kleine Residenz einrichten. Dazu wurde auch ein Garten auf den Wallanlagen der Stadt angelegt. Im August des gleichen Jahres schrieb Friedrich an seine Schwester Wilhelmine nach Bayreuth: *„Ich betätige mich auch in der Gärtnerei und beginne mir einen Garten anzulegen. Das Gartenhaus ist ein Tempel aus acht dorischen Säulen, die eine Kuppel tragen. Auf ihr steht die Statue Apolls. Sobald er fertig ist, werden wir Opfer darbringen, natürlich dir, liebe Schwester, als Beschützerin der schönen Künste."* Es ist das Erstlingswerk des 1729 mit 30 Jahren aus dem Militärdienst ausgeschiedenen Georg Wenzeslaus von Knobelsdorff (1699–1753), der sich nun mit Malerei und Architektur beschäftigte. Friedrich gab dem Garten den Namen Amalthea, nach dem Landsitz des Anticus, eines Freundes des Ciceros. Der Garten muß nach Beschreibungen eine reiche Ausstattung, mit einer Grotte, einem Bad, einem Pavillon, Statuen und Vasen sowie Kirschquartieren und einen Weinberg gehabt haben. Schon hier in Neuruppin entwickelte sich jenes Prinzip von Nutz- und Ziergarten, das bald in Rheinsberg und später in Sanssouci seinen Niederschlag finden sollte.

Mit dem Bau des Amalthea-Tempels in Neuruppin, im übrigen das erste Bauwerk dieser Art auf dem europäischen Kontinent – ähnliche Bauten gab es bis dahin nur in England –, entwickelte sich zwischen Knobelsdorff und dem

Zu den architektonischen Leistungen, die unter Mitsprache des Königs entstanden, zählen nicht nur die Schlösser in Berlin und Potsdam, sondern neben wenigen Kirchen auch Bürgerhäuser wie die „Skizze zum Haus am Kanal 3" in Potsdam von 1751/52 aus der Hand Friedrichs belegt.

Kronprinzen und späteren König ein anfangs freundschaftliches, nach 1740 durchaus auch angespanntes Verhältnis. Die in der Neuruppin/Rheinsberger Zeit von Knobelsdorff und dem Kronprinzen im gegenseitigen Austausch entwickelten Architekturvorstellungen sollten für den späteren König prägend sein. Damit waren aber auch schon Auseinandersetzungen mit den nachfolgenden Baumeistern vorprogrammiert. Da der Kronprinz in den zwei 1732 erworbenen Bürgerhäusern in Neuruppin kaum standesgemäß wohnen konnte, erwarb Friedrich Wilhelm I. 1734 für seinen Sohn das nur wenige Meilen entfernte, aus dem 16. Jahrhundert stammende Rheinsberg und ließ es anfangs durch den kurmärkischen Baudirektor Johann Gottfried Kemmeter umbauen. Zwei Jahre später konnte der Kronprinz einziehen, aber das Schloß war längst nicht fertig. Vor allem nach der Rückkehr Knobelsdorffs von seiner Italienreise 1737 wurde das Bauen unter dessen Leitung zu einer Dreiflügelanlage mit Rundtürmen und verbindender Kolonnade fortgesetzt.

Die vier Rheinsberger Jahre waren für die geistige Entwicklung des Kronprinzen von entscheidender Bedeutung. Das freie Leben, entfernt von der despotischen Hofhaltung in Wusterhausen und Potsdam, ermöglichte nicht nur die Auseinandersetzung mit religiösen, philosophischen und politischen Fragen, sondern auch die Beschäftigung mit

Das aus dem 16. Jahrhundert stammende Schloß Rheinsberg ließ Friedrich Wilhelm I. für den Kronprinzen umbauen. Ab 1737 war es nach Neuruppin das zweite gemeinsame Projekt Friedrichs und G. W. von Knobelsdorffs, in dem Friedrichs architektonische Ideen ihre Form fanden.

den Vorstellungen des Baumeisters Knobelsdorff, des Malers Antoine Pesne (1683–1757) und des jungen Bildhauers Friedrich Christian Glume (1714–1752). Der Kronprinz ging hier die ersten Schritte zu einem Stil, der nach 1740 in Charlottenburg und Sanssouci zur Meisterschaft reifen sollte. Am 24. März 1737 schrieb Friedrich aus Neuruppin an den General von Grumbkow: *„Ich reise ab, um nach Rheinsberg zurückzukehren; das ist mein Sanssouci."* Und vier Jahrzehnte später bekannte er, daß er in Rheinsberg seine glücklichsten Jahre verlebt habe. So ist es nicht verwunderlich, daß Rheinsberger Architektur- und Dekorationsmotive – „come á Rheinsberg", wie Friedrich auf seiner

Im Austausch mit Georg Wenzeslaus von Knobelsdorff (1699–1753), Zeichenlehrer des Kronprinzen und späterer Hofbaumeister, entwickelte Friedrich seine Architekturvorstellungen. Antoine Pesne, 1737, Öl auf Leinwand.

Grundrißskizze des Schlosses Sanssouci vermerkte – nur wenige Jahre später bei der Planung der Sommerresidenz wieder auftauchten. Schon in Rheinsberg gab es die Idee zur Errichtung eines Bacchus-Tempels, bei dem zwölf große Satyrstatuen als Säulen mit einem bekrönenden Bacchus auf dem Dach geplant waren. Freiherr Jacob Friedrich von Bielfeld, der 1739 Gast des Kronprinzen in Rheinsberg war, hat dieses Bauwerk, das allerdings nicht errichtet wurde, als umgekehrte Schüssel oder als „Punschschale" bezeichnet. Eine noch weitere vorhandene Skizze des Kronprinzen für das geplante Bauwerk in Rheinsberg war zweifellos Grundlage für den späteren Mittelbau des Schlosses Sanssouci.

Der Thronwechsel 1740 brachte nicht nur veränderte politische Orientierungen und am Ende des gleichen Jahres den von niemand erwarteten Einfall des Preußen des „Querpfeifers und Poeten" (Friedrich Wilhelm I. über seinen Sohn Friedrich) in Schlesien, sondern auch neue künstlerische Programme im Bauen. Friedrich II. hatte sich nach der Thronbesteigung spontan für Charlottenburg als Residenz entschieden. Knobelsdorff erhielt den Auftrag, an Stelle der zweiten von Eosander von Göthe nur geplanten, aber nicht ausgeführten östlichen Orangerie und als Pendant zu der von diesem gebauten westlichen einen Schloßflügel zu errichteten. Durch eine vornehm zurückhaltende, an französischen Vorbildern geschulte Architektur mit einer betonten Mitte erreichte Knobelsdorff, daß dieser Flügel Teil des Ganzen wurde und doch eine Selbständigkeit besitzt.

Das Interesse des Königs am Baugeschehen war ungewöhnlich groß. Aus dem Feldlager schrieb er im Mai 1742 an seinen Freund Jordan: *„Ich habe einen Brief Knobelsdorffs erhalten, mit dem ich sehr zufrieden bin, aber es ist alles darin zu trocken, es gibt keine Details. Ich möchte, daß die Be-*

schreibung jedes Säulendetails in Charlottenburg vier Quartseiten umfaßt, daß würde mich freuen." Trotz des schnellen Baufortschritts und vielleicht auch im Bewußtsein, mit dem Neubau seiner begabten, 1705 gestorbenen Großmutter Sophie Charlotte näher zu sein, muß er aber doch bald die Nähe zur Hauptstadt als störend empfunden haben und wandte sich ab 1744 Potsdam zu, der zweiten Residenz der Hohenzollern spätestens seit dem Großen Kurfürsten in der Mitte des 17. Jahrhunderts.

Aber noch hatten der König und sein Baumeister Knobelsdorff für Berlin große Pläne, deren Urheberschaft noch auf die gemeinsamen Rheinsberger Tage zurückging. An der Straße Unter den Linden hatten sie ein „Forum Fridericianum" konzipiert, das aus einem Residenzschloß, einer Oper und einer Akademie der Wissenschaften bestehen sollte. Als erster Bau wurde die Oper, 1741 bis 1743,

Die katholische St. Hedwigskirche, Zentralbau mit Kuppel und Säulenportikus, 1747–1778 gebaut als Ausdruck der königlichen Toleranz gegenüber Andersgläubigen.

Die Alte, ehem. „Königliche Bibliothek", 1775–1780 im Auftrag des Königs erbaut, repräsentiert den Spätstil friderizianischer Architektur.

Ein „Musentempel" und eine „architektonische Sensation" sollte das Opernhaus gemäß des Auftrags Friedrichs an den Baumeister Knobelsdorff werden. Dieser legte die Ideen zum Opernhaus 1742 in einer „Dedikationsmappe" dem König vor.

errichtet, die anderen Gebäude, wie das Palais des Prinzen Heinrich an Stelle des Residenzschlosses und die Bibliothek an Stelle der Arkaden allerdings erst später und kleiner und etwas modifizierter als ursprünglich gedacht. Hinzu kam am „Forum Fridericianum" der Bau der Hedwigskirche in Form des römischen Pantheon für die katholische Gemeinde, die seit der Eroberung von Schlesien zugenommen hatte und damit an die Hauptstadt angebunden werden sollte.

Im Berliner Schloß ließ sich Friedrich der Große 1745 im ersten Obergeschoß eine nur aus wenigen Zimmern bestehende Wohnung einrichten. Der König hat aber zum Bau seiner Väter nie eine rechte Beziehung gefunden und sich deshalb auch nur bei offiziellen Anlässen in dem Schloß aufgehalten. Um so mehr galt sein Interesse Potsdam. Vielleicht erinnerten ihn die Stadt und ihre Umgebung – hügeliges, bewaldetes Gelände mit den Gewässern der Havel – in gewisser Weise an Rheinsberg. Als Kronprinz hatte er zuvor das dortige Stadtschloß nicht gerade geliebt, aber noch etwas sprach für Potsdam: hier konnte er etwas Eigenes und Neues schaffen, ohne an Bestehendes gebunden zu sein. Rheinsberg und Charlottenburg waren letztlich doch nur Um- oder Ausbauten von bestehenden Anlagen.

Aber auch der Umbau des Potsdamer Stadtschlosses 1744 bis 1752 von Knobelsdorff und Johann Boumann unter starker Beteiligung des Königs im Äußeren und Inneren zur Winterresidenz war erst einmal eine residenzwürdige Veränderung des Bestehenden. Durch die Pilastergliederung und Aufstockung der Seitenflügel änderte sich jedoch das Bild des Schlosses, es wandelte sich zu einem königlichen Bau. Nur das anläßlich der Königskrönung 1701 errichtete Fortunaportal blieb bestehen. Das Schloß ist beim Bombenangriff auf Potsdam am 14. April 1945 schwer beschädigt worden und ausgebrannt, die Ruine wurde 1960 abgerissen. Die Stadt Potsdam hat dadurch ihre Mitte verloren und bis heute gibt es keine Alternative für einen Bau an gleicher Stelle, zumal bereits das Fortunaportal 2002 wiedererstanden ist. Potsdam leidet noch immer an seinem „Verlust der Mitte".

„Prospekt des Königlichen Schlosses Sanssouci in Potsdam", um 1747–1749 von G. B. Probst, kolorierter Kupferstich.

In dem Ansinnen, Architektur von europäischer Geltung zu schaffen, hätte Friedrich II. die heutige Zugehörigkeit Sanssoucis zum Welterbe der UNESCO sicher goutiert.

Gleichzeitig mit der Veränderung am Stadtschloß begann der Bau von Sanssouci, jenem Schloß auf dem Weinberg, dessen Name auf die Rheinsberg-Idylle zurückgeht. Dieses westlich des Potsdamer Brandenburger Tores gelegene Schloß mit seinem Garten wurde nun das ganz persönliche Refugium des Königs. Daß dies der Platz war, an dem er bleiben wollte, wird schon dadurch deutlich, daß er mit dem Bau der Weinbergterrassen 1744 auch eine Gruft anlegen ließ, in die er jedoch erst 205 Jahre nach seinem Tode beigesetzt werden sollte.

Drückt die Anlage eines Weinberges etwas Privates aus – schon in Neuruppin gab es Weinberge – so gilt das um so mehr für das Schloß selbst. Für den König und fünf Gäste gedacht, wurde es ganz nach seinen Vorstellungen gestaltet. Zwar lassen Raumfolge und Zuordnung die Regeln der französischen Architekturtheorie erkennen, doch wurden sie, vor allem bei den Räumen des Königs, den individuellen Bedürfnissen des Bewohners entsprechend modifiziert. Reminiszenzen an Rheinsberg, wie die runde Bibliothek, die Kolonnade und letztlich auch der Mittelbau der Gartenfassade mit den Weinlaub umrankten Karyatiden nach dem geplanten Bacchus-Tempel, aber auch das Arbeits- und Schlafzimmer in Anlehnung an den gleichen Raum im Potsdamer Stadtschloß, verdeutlichen die Grundhaltung Friedrichs des Großen, Vertrautes und Bewährtes immer wieder aufzunehmen. Friedrich der Große glaubte an die Maßstäbe setzenden Vorbilder, die in den Stichwerken seiner Bibliothek zu finden waren, aber auch an die Stilelemente des Rokoko. Außer nur kurzen Reisen nach Straßburg und Amsterdam hatte er nie die sonst üblichen Kavalierstouren unternommen und war somit ein Anhänger einer normativen Ästhetik, wie sie sich in den Büchern seiner Bibliotheken wiederfand.

Die Gespräche bei der Tafelrunde von Sanssouci, aber auch das Blättern in Architekturwerken und das Bestimmen von Vorbildern für Bürgerhäuser, Parkbauten und öffentliche Gebäude waren die Grundlage seines architektonischen Denkens, das in den Anfangsjahren noch stark von Knobelsdorff beeinflußt wurde. Aber je mehr Friedrich II. durch militärische Siege zu Friedrich dem Großen wurde, löste sich der König von dessen Einfluß. Zählt man die meist gleichzeitig laufenden Schloßvorhaben im ersten Jahrzehnt der Regierung Friedrichs des Großen in Berlin, Charlottenburg und Potsdam zusammen, wird deutlich, zu welchen großartigen quantitativen, vor allem auch qualitativen Leistungen die friderizianische Kunst in ihrer kurzen Entwicklungszeit fähig war. Zweifellos waren Knobelsdorff und Johann August Nahl (1710–1785) die herausragenden Persönlichkeiten, die die erste Epoche der friderizianischen Bau- und Innenraumkunst prägten. Der Stil der von ihnen im Verein mit anderen Künstlern geschaffenen Innenräume ist eine spezifisch preußisch-friderizianische Variante des deutschen Rokoko, die gleichberechtigt neben denen in anderen deutschen Ländern und Österreich steht.

Das Chinesische Haus (früher Japanisches Haus) im Park von Sanssouci, erbaut von Johann Gottfried Büring, 1754–56.

Bis zum Siebenjährigen Krieg wirkte der Einfluß Knobelsdorffs in den Bauten seines Schülers Johann Gottfried Büring (1723–1766) fort, besonders im Chinesischen Haus und der Bildergalerie. Nach 1763 bis 1769 ist das Neue

Palais in Sanssouci das große Bauvorhaben. Schon fast ein Jahrzehnt vorher als Wohnschloß für die königliche Familie bei gelegentlichen Besuchen in Sanssouci geplant, ist es nun die Machtdemonstration des Königs nach sieben Jahren Krieg, aber auch ein willkommenes Arbeitsprogramm für Handwerker und Künstler. Zusammen mit den Communs, den gegenüberliegenden Wirtschaftsgebäuden, entstand hier das größte friderizianische Architekturensemble. Gedanken der Berliner Forums-Planung wurden dabei noch einmal aufgenommen. Spätbarocke und palladianisch-holländische Architekturformen sowie ein reicher Figurenschmuck kennzeichnen den Außenbau. Im Inneren erfolgte die Einteilung in einzelne Appartements, zu erreichen über wenig repräsentative Treppenhäuser. Zum Innenraumprogramm gehören weiterhin Festsäle und ein Theater.

„Japanisches Haus im Königl. Garten Sans Souci bey Potsdam", A. L. Krüger, Radierung, um 1780

„Tempel der Freundschaft bey dem Königl. Neuen Schloss" A. L. Krüger, Radierung, 1780

Bis in die Mitte der 1770er Jahre wurde in Sanssouci gebaut; zu den letzten Werken friderizianischer Kunst zählen die Säle und Kavalierszimmer der Neuen Kammern, entstanden aus dem Umbau einer Orangerie, die trotz ihres für die Zeit schon überholten Dekorationsstils von großartiger Qualität sind.

Will man die architektonischen Leistungen, die in der Zeit Friedrichs des Großen und mit seiner unmittelbaren Mitsprache entstanden sind, aufzählen, darf man nicht nur die Schlösser von Berlin und Potsdam, sondern auch die Bürgerhäuser in den Städten und letzten Endes auch die Kirchen – es sind im Verhältnis zur Bautätigkeit seines Vaters nur wenige, auf die er Einfluß genommen hat – mitzählen. Als erster Diener des Staates war er ein absoluter Machtpolitiker, wenn es darum ging, Preußens Stellung in

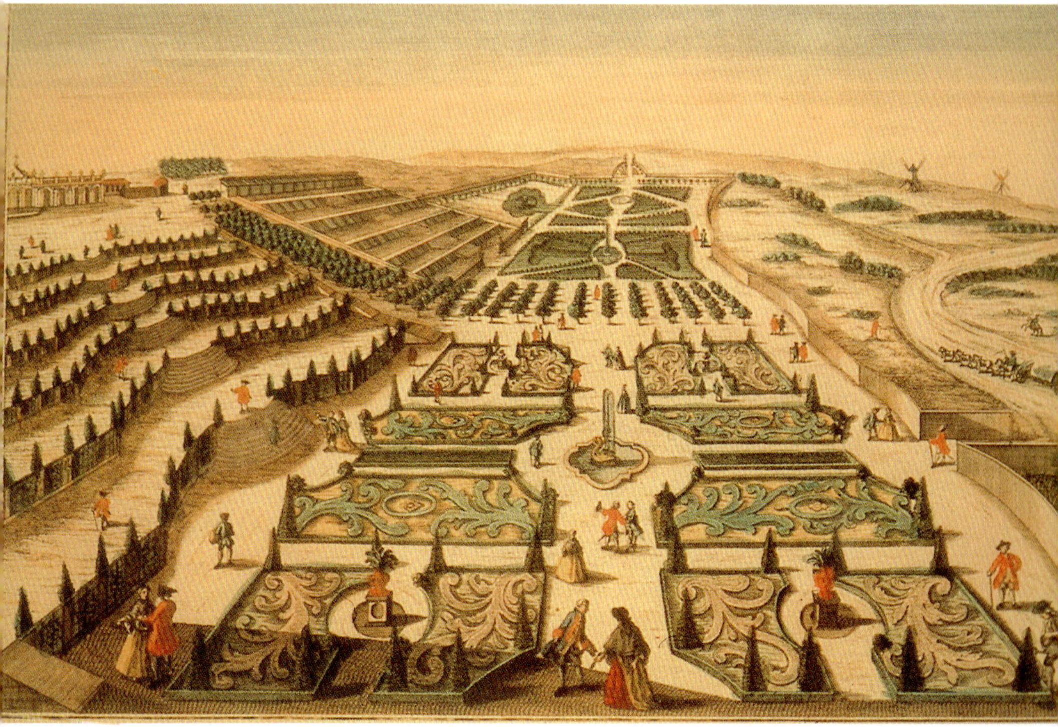

Europa durchzusetzen und zu behaupten, zugleich aber auch ein aufgeklärter Schöngeist und Förderer der Künste und Wissenschaften. Es wurden ihm Ablehnung, Haß und Feindschaft mit der gleichen Leidenschaft entgegengebracht wie Ehrfurcht, Bewunderung und manchmal sogar Liebe. Seine historische Größe als Staatsmann, Feldherr, Philosoph, Historiker, Dichter, Komponist, Musiker, Bauherr, Sammler – und diese Reihe könnte noch fortgesetzt werden –, läßt sich aber nur an seinen Taten in seiner Zeit messen und so überragt er wohl alle Fürsten seines Jahrhunderts.

Es ist der Traum vom Arkadien: Der Garten verliert sich in der Weite und den sanften Hügeln des Parks. Parterre und östlicher Lustgarten von Sanssouci. Georg Balthasar Probst, kolorierter Kupferstich, 1747/49.

Er verlangte viel von sich selbst und mindestens genau so viel von anderen, was nicht ohne Konflikte und rigorose Eingriffe blieb. Wer konnte sich wirklich Freund des „Philosophen von Sanssouci" nennen? Vielleicht diejenigen, die in den ersten Jahren nach der Fertigstellung des Schlosses Sanssouci auf dem Weinberg zur dortigen Tafelrunde gehörten. Aber sie verlor bald ihren Glanz durch den

Tod einiger Mitglieder wie Lamettrie und Rothenburg oder den freiwilligen oder unfreiwilligen Weggang aus Preußen wie von Algarotti und Voltaire. Nicht immer geschah das in Frieden, der Spott des Königs kannte oftmals keine Grenzen, aber Zeit seines Lebens hat sich der König dankbar an ihren Aufenthalt in Potsdam und die langen streitbaren Gespräche an seinem Tische erinnert. Des Königs Architekturauffassungen, vor allem im Hinblick auf Palladio, wären ohne Algarotti kaum denkbar gewesen. Noch intensiver waren die Auseinandersetzungen mit Voltaire. Aber wo hat sich Voltaire außerhalb Frankreichs und der Schweiz länger aufgehalten als in Berlin und Potsdam? Der rege Briefwechsel hält bis zum Tode des großen Franzosen an. Es ist fast eine Ironie des Schicksals, daß in dem gleichen Gartenhaus in der Nähe von Sanssouci, in dem unter der besonderen Huld des Königs Voltaire arbeitete, wenige Jahre später, vom selben König nicht einmal zur Kenntnis genommen, Gotthold Ephraim Lessing mit „Miss Sara Simpson" das erste deutsche bürgerliche Trauerspiel schrieb. Die klassische deutsche Literatur, über die sich Friedrich in einer 1780 erschienenen Schrift so abfällig geäußert hatte, begann in seiner unmittelbaren Nähe zu keimen.

Östlicher Lustgartenbezirk von Sanssouci, eigenhändig skizziert von Friedrich II., Ende 1745.

Friedrich der Große war in künstlerischen Dingen ein konservativ empfindender Mensch. Die in der Kronprinzenzeit und in den ersten Regierungsjahren unmittelbar oder mittelbar geprägten philosophischen und künstlerischen Auffassungen waren bestimmend für sein ganzes Leben. Zu Neuerungen war er sehr schwer zu bewegen. Daraus erklärt sich auch sein Festhalten an dem ihm seit Rheinsberg, Charlottenburg, Potsdam und Sanssouci vertrauten Rokoko, auch noch in einer Zeit, als in anderen Ländern bereits der Klassizismus Einzug hielt. Daß auch die späten Raumdekorationen des friderizianischen Rokoko trotzdem eine solch hohe Qualität besitzen – man denke an die Neuen Kammern in Sanssouci – ist dann doch letztlich wieder das Verdienst der Künstler und des Königs selbst. Sein künstlerisch-ästhetisches Empfinden ist durch die französisch-hugenottische Erziehung, die enge Verbindung mit Georg Wenzeslaus von Knobelsdorff, die Gespräche mit Beratern, vor allem mit Algarotti, die Korrespondenz und die Lektüre der einschlägigen Bücher und Schriften geformt worden. Aus eigener unmittelbarer Anschauung kannte er keines der europäischen Kunstzentren. Selbst in Frankreich, dessen Kultur er so verehrte, in dessen Sprache er schrieb und sich verständigte, war er bis auf einen kurzen Aufenthalt in Straßburg nie gewesen. Sein Rom-Bild war das Piranesis, aufbewahrt in Stichwerken in der Bibliothek des Schlosses Sanssouci und des Neuen Palais, immer greifbar wie die Werke seiner bevorzugten französischen und römischen Schriftsteller, vor allem Marc Aurel, dessen philosophische Grundhaltung seiner eigenen entsprach.

Wie die meisten Herrscher des 18. Jahrhunderts war auch Friedrich der Große von einer Bauleidenschaft besessen. Sich durch die Architektur ein bleibendes Denkmal zu setzen, ist ihm letztlich auch gelungen. Der eigene Gestaltungswille und eine autoritäre Mitsprache haben jedoch zu schweren Spannungen zwischen dem Bauherren, der auch sein eigener Baumeister sein wollte, und den Architekten geführt, die in dieser Form kaum in einem anderen Lande bestanden haben. Potsdam blieb für den König seine baukünstlerische Domäne und Bauten nach ausländischen Vorbildern, ob italienischen, vornehmlich Palladios, französischen oder englischen sowie nach seinen eigenen Skizzen schmückten die Stadt und sollten somit Vorbild und prägend für die Stilästhetik und Baukultur der Stadt sein. Die Zeitgenossen berichten, der König habe *„in seinem Zimmer beständig die Werke eines Piranesi und Panini auf dem Tisch liegen, aus welchen er die Vorschriften zu den auszuführenden Gebäuden in Berlin und Pots-*

Die Französische Kirche – ein weiteres Symbol friderizianischer Toleranzpolitik – schenkte der König am 16. September 1753 der Hugenottengemeinde in Potsdam. Die Pläne für den Kuppelbau auf elliptischem Grundriß stammen von Knobelsdorff und beziehen sich auf die Berliner Hedwigskathedrale und das römische Pantheon. Realisiert wurde der Bau von Johann Boumann d. Ä.

dam gab". So findet man in der Literatur des 18. Jahrhunderts bei der Beschreibung der Bauten in Berlin und Potsdam: *„Nach des Königs eigener Idee"*. Der König war stolz auf das von ihm Geschaffene oder das noch zu Erreichende. Gegenüber seinem Vorleser, Heinrich Alexander de Catt, äußerte er 1758: *„Nach Potsdam, nach Potsdam! Das brauche ich um glücklich zu sein. Wenn Sie diese Stadt sehen, wird sie ihnen sicherlich gefallen. Zu meines Vaters Zeiten war es ein elendes Nest. Wenn er jetzt wiederkäme, würde er seine Stadt sicherlich nicht wiedererkennen, so habe ich sie verschönt. Ich habe die Pläne der schönsten Bauwerke Europas, insbesondere Italiens, ausgewählt und lasse sie im Kleinen und mit meinen Mitteln entsprechend ausführen. Größenmaße sind sehr gründlich berücksichtigt worden. Alle meine Bauwerke gefallen den Leuten, davon werden sie sich überzeugen können. Ich gestehe, daß ich gerne baue und schmücke."* Er hatte das Sparta seines Vaters zum Athen des Nordens gemacht.

Der Patient

„Die Nihren Seindt viel Schuldt; und dan-unt-Wan dan Schwilt die Miltz auf, dan tuth mihr der linke arm So weh, als wan ich einen Flus daran hätte. und dan so kömtz mihr dan-untwan, als wenn ich Sticken wolte, und des Nachts Eben-so."

(Friedrich am 9. März 1747 an seinen Kammerdiener Fredersdorf)

„Habe du nuhr vertrauen und Sei nicht verdrißlich! dis fiber ist baldt abgeholfen worden. wann du Glaubest, daß es Möglich ist, Dihr in 4 Wochen zu Curihren, das ist ohnmöglich! ich habe mit allerhant Docters und felscheers umb die Krankheit gesprochen. Allein es ist ein Schlimer zufal, der nicht anders als durch die länge der tzeit zu helffen ist."

(Friedrich am 24. Mai 1755 an Fredersdorf)

Jürgen Ziechmann

Kindersterblichkeit, Pocken und die eigene Gicht

Friedrich der Große und die Medizin

Friedrich der Große in der Interimsuniform des Infanterieregiments No. 15, I. Bataillon Leibgarde, Ölgemälde von J. H. C. Franke, um 1765. Nach dem Ende des Siebenjährigen Krieges zeigt er den König mit forschendem Blick, leicht fragend verzogenem Mund und tiefen Falten.

Die Beziehungen Friedrich II. von Preußen zur Medizin umfassen – wie sollte es auch anders sein – sowohl offiziöse als auch private Aspekte. Beide Phänomene sind hinreichend erforscht[1]. Es gilt hier, einen Überblick darüber zu verschaffen, welchen Problemen sich der König in seiner Eigenschaft als regierender Herrscher widmete und mit welchen Nöten sich der König als menschliches Wesen herumzuschlagen hatte.

Die medizinischen Verhältnisse im 18. Jahrhundert sind gekennzeichnet vom Auftreten verschiedener Vertreter der Medizin, deren mehr oder weniger fundierte Kenntnisse zwar auf einem gemeinsamen theoretischen Fundament basierten, die aber untereinander – oder besser gesagt: gegeneinander – häufig zum Nachteil der Patienten wirkten.

Das gemeinsame Fundament der Medizin war die „Vier-Säfte-Lehre" oder „Humoralpathologie". Der Mensch wurde als Ebenbild des Kosmos verstanden. Der Kosmos bestand aus den vier Elementen Feuer, Erde, Wasser und Luft. Der Mensch bestand aus den vier Säften Schleim, Blut, gelbe Galle und schwarze Galle. Diese Säfte befinden sich beim gesunden Menschen im Gleichgewicht (Eukrasie), beim Kranken liegt eine Störung (Dyskrasie) dieses Gleichgewichts vor. Die Verbindung zwischen Mensch und Kosmos wurde theoretisch immer weiter verfeinert, so daß auch Mondphasen und Jahreszeiten bei Diagnose und Therapie eine Rolle spielten.[2] Aufgrund der Überzeugung, daß die Dyskrasie durch entsprechende Maßnahmen zu bekämpfen sei, waren vor allem Aderlaß, Schröpfen und Ansetzen von Blutegeln verbreitet. Wenn es der Zustand des Kranken geboten erscheinen ließ, wurden auch künstliche Eiterherde durch Haarseilnadeln oder künstliche Schaffung eines eiternden Geschwüres produziert.

Allerdings blieb die Medizin des 18. Jahrhunderts nicht nur der Humoralpathologie verhaftet, sondern wichtige Entdeckungen – wie z. B. die Erforschung des Sauerstoffs oder die vorbeugende Impfung (s. u.) – nahmen in dieser Zeit ihren Ausgangspunkt – auch wenn die wesentlichen medizinischen Fortschritte erst später erfolgten.

Die Vielfalt der im Bereich der Medizin tätigen Personen des 18. Jahrhunderts dokumentierte sich zunächst einmal darin, daß zwischen Medizinern und Chirurgen unterschieden wurde, und häufig Erkrankungen, die Fälle für die Chirurgen waren (wie z. B. Brustkrebs oder Grauer Star), mit Hilfe von Kräutersäften, Pillen oder Salben behandelt wurden, während die Chirurgen wenig Ahnung von den humoralpathologischen Behandlungsmustern hatten. Daneben gab es noch Wundärzte, Bader und Barbiere, sonstige Laienheiler, Hebammen und Scharfrichter, die von medizinischen Pfuschern nicht immer zu unterscheiden waren. Die Beantwortung der Frage, welcher „Heilkundige" einen erkrankten Menschen behandeln sollte, war abhängig vom Angebot (auf dem Lande gab es – außer den Garnisonärzten (Feldscher) – keine studierten Mediziner) und dem Geldbeutel des Patienten.

Der zivile Arzt hatte keine eigene Praxis, sondern behandelte die Patienten jeweils bei ihnen zu Hause; die reisenden Wundärzte benutzten ihre Wagen. In den Garnisonen standen in der Kaserne Zimmer zur Verfügung. Die Entlohnung der Ärzte war schlecht.

Die Regimentsärzte erhielten den Lohn gemäß der Stärke des Regiments. Im Durchschnitt hatten sie im Monat 80 Taler; es wurden aber auch bis zu 106 Taler 3 Groschen erreicht. Die Behandlung eines Knechtes bei einem zivilen Arzt kostete diesen im allgemeinen einen Wochenlohn.

Die Struktur des Medizinalwesens in Preußen

Neben der oben erwähnten Unterscheidung zwischen „Medici" und Chirurgen war das staatliche Medizinalwesen in Preußen gekennzeichnet von der Zweiteilung „ziviles Medizinalwesen“ und „Militärsanitätswesen“. Außerdem treten noch Unterschiede zwischen der Struktur in der Hauptstadt Berlin und in den einzelnen Provinzen des Landes auf, die hier aber nicht in extenso berücksichtigt werden. Friedrich II. hat sich auch in diesem Bereich – wie in den meisten innerstaatlichen Angelegenheiten – zunächst an die von seinem Vater geschaffenen Strukturen gehalten, die dann im Laufe seiner Regierungszeit zweckgemäß verändert wurden.

Ziviles Medizinalwesen[3]
Ober-Collegium medicum (in Berlin) (seit 1725)
Collegia medica (in den Provinzen)

Ober-Collegium sanitatis (ab 1762)
Collegium sanitatis (seit 1719)
Collegium medico-chirurgicum (seit 1724)

Militärsanitätswesen

General(feld)stabsmedicus	Generalstabschirurgus
Regimentsfeldscher	Militärstabswundärzte
Kompaniefeldscher	Oberwundärzte
(Barbiergesellen)	Wundärzte

Das Ober-Collegium medicum war seit dem Medizinaledikt vom 17. Dezember 1725 die Aufsichtsbehörde über alle Medizinalangelegenheiten und überwachte auch das Militärsanitätswesen, wobei die leitenden Ärzte häufig in Doppelfunktion tätig waren.[4] Die Leitung war geteilt: es gab einen Präsidenten, der Jurist war, und einen Direktor, der Mediziner war. Dem Gremium gehörten alle Ärzte an, die den Titel Leib- oder Hofarzt führten. Es trat jeden Freitag um 11 Uhr im Werderschen Rathaus zusammen.

Das Collegium sanitatis war für die Seuchenbekämpfung zuständig. Es war bereits im August 1719 errichtet worden. Mit der Zeit hatten sich die dort eingeschriebenen Ärzte in immer mehr volksmedizinische Belange eingemischt wie die Aufsicht und Begutachtung gesundheitsschädlicher Speisen, Verunreinigung der Spree durch Ausschütten der Kloake, Bestattung der Toten in den Städten u.a. Es kam jeden Freitag „so oft es nötig ist“[5] um 10 Uhr im Friedrichswerder'schen Rathaus zusammen.

Man kann sich vorstellen, daß ständige Reibereien und Kompetenzstreitigkeiten zwischen den verschiedenen Behörden und zwischen den einzelnen Personen vorkamen. Als 1762 in jeder Provinz ein Collegium sanitatis eingerichtet wurde, bekam die in Berlin befindliche Institution den Titel „Ober-Collegium sanitatis".

Das Ober-Collegium medicum überwachte die rein akademische Ausbildung der Medici. Bei dieser medizinischen Ausbildung wurde eng mit der physikalischen Klasse der Akademie der Wissenschaften zu Berlin zusammengearbeitet. In Berlin gab es in der Fridericianischen Zeit etwa 20–25 Medici, die eine Bevölkerung zwischen 80.000 bis 146.000 Einwohnern zu versorgen hatten. Das Ober-Collegium medicum war außerdem noch für die Ausbildung der Apotheker (die sogenannten Stadt- oder Kreis-Physici) und die Überwachung der Hofapotheke zuständig.

Das 1724 gegründete Collegium medico-chirurgicum überwachte die praktische Ausbildung der Chirurgen; hier wurden Leichen seziert, der Umgang mit Kranken geübt und sonstige Praktika durchgeführt. Diese chirurgische Ausbildung fand in der seit Januar 1727 bestehenden Charité statt (Anatomisches Theater) und wurde durch anatomische und andere medizinische Vorlesungen ergänzt. Außerdem überwachte das Collegium medico-chirurgicum noch die 30–45 Bader in Berlin und achtete darauf, daß der für Chirurgen bestehende Zunftzwang eingehalten wurde.

Die Kreis-Physici hatten in ihrem Sprengel die Aufsicht über die ansässigen Bader und Wundärzte und mußten dem Collegium sanitatis über Seuchen bei Mensch und Tier Bericht erstatten.

Im militärischen Bereich waren die General(feld)stabsmedici und die Generalstabschirurgen für die Feldlazarette, die Versorgung der Verwundeten, die Garnisonslazarette und das Invalidenhaus in Berlin zuständig. In diesem Bereich lagen die ärztlichen Verhältnisse zu Beginn der Regierungszeit Friedrichs II. sehr im argen, denn die Versorgung der Verwundeten und die hygienischen Zustände in den Feldlazaretten führten zu mehr Toten als die Einwirkung des Feindes. Der Abtransport verwundeter Soldaten ins Lazarett während der Schlacht wurde in Preußen erst seit Beginn des Jahres 1795 eingeführt.

Das eigentliche Problem der medizinischen Versorgung

Links: Johann Theodor Eller, (1689–1760) Generalfeldstabsmedicus, Chef des Militärsanitätswesens bis 1760, Arzt am Charité-Krankenhaus in Berlin, Leibarzt Friedrichs II.

Mitte: Samuel Schaarschmidt, (1709–1747), Physiologe und Pathologe am Collegium Medico-Chirurgicum. Leibarzt des Kronprinzen und während des Ersten Schlesischen Krieges

Rechts: Christian Andreas Cothenius (1721 bis 1782), einer der führenden Köpfe in der preußischen Gesundheitspolitik, Leibarzt des Königs nach dem Siebenjährigen Krieg.

der Bevölkerung lag in der Tatsache, daß weiterhin Bader, Wundärzte oder sonstige Personen mit einigen Kenntnissen der Heilkunde und mit einigen Erfahrungen in der Chirurgie ihre Dienste anboten und von Kurpfuschern nicht zu unterscheiden waren.

Friedrich II. kümmerte sich im Verlauf seiner Regierungszeit zwar um das Niveau der zugelassenen Ärzte, allerdings immer sehr sporadisch und in Zusammenhang mit konkreten Anfragen, Gesuchen oder Vorfällen, die seine Aufmerksamkeit erregten. Dabei ist bemerkenswert, daß der König den Unterschied zwischen theoretisch ausgebildeten Medici und praktisch ausgebildeten Chirurgen immer weiter verwischen wollte.

Am Ende seiner Regierungszeit sah die Zulassung zum Arzt so aus: Der Kandidat mußte sich beim Ober-Collegium medicum melden und den Nachweis eines Universitätsstudiums mit Promotion erbringen. Danach wurde er zu einem Cursum anatomicum beim Collegio medico-chirurgico zugelassen. Nach diesem Kurs wurden ihm sechs anatomische Demonstrationen aufgegeben, die beurteilt wurden und die er nun wieder beim Ober-Collegium medicum einreichen mußte. Wenn er diese Prüfung ordentlich bestanden hatte, wurde ihm ein Casus medico-practicus in Latein aufgegeben; für diese Arbeit hatte er vier Wochen Zeit. Daneben bestand noch der Ausbildungsgang für Chirurgen und Pensionärchirurgen. Gegen die willkürlich praktizierenden Bader und Wundärzte ging der König relativ spät (nämlich erst 1779) vor. Dann aber rigoros und unter Androhung schwerer Strafen.[6]

Medizinische Probleme im Fridericianischen Preußen

Der Impuls, sich um die Volksgesundheit in Preußen zu kümmern, ging im Denken Friedrichs des Großen von der Sterblichkeitsrate aus. Für die Wohlfahrt der Bürger war es unerläßlich, Seuchen und die hohe Kindersterblichkeit mit staatlichen Maßnahmen zu bekämpfen. Anstoß dazu, der Volksgesundheit seine besondere Aufmerksamkeit zu widmen, war die unmittelbare Konfrontation des Königs mit den Leiden seiner Soldaten während der ersten beiden Schlesischen Kriege. Der Gesundheitszustand der Soldaten kam dem König ständig durch lange Verlustmeldungen vor Augen, wobei die Mehrzahl der Todesfälle nicht auf feindliche Einwirkungen zurückzuführen war. In der Sprache des 18. Jahrhunderts wurden aufgeführt: *„Fleckfieber, hitziges Flußfieber, ordinäres Flußfieber, drei- oder viertägiges Fieber, Scabies, Diarrhoea maligna, Ikterus, Arthritis, Schwindsucht, Wassersucht, Epilepsie, Hypochondrie, Vertigo, Venerei."*[7] Auch wenn den damaligen Simulanten unter den Soldaten sicherlich Tricks bekannt waren, sich dem Felddienst zu entziehen, muß man Zweifel haben, ob sie sich tatsächlich freiwillig ins Lazarett verbringen ließen, da angesichts der dort herrschenden hygienischen Verhältnisse die Gefahr bestand, daß aus der simulierten eine tatsächliche Erkrankung wurde, die dann sogar zum Tode führen konnte. Die eben genannten Krankheiten benennt Mamlock als *„... in erster Linie akute, fieberhafte Infektionskrankheiten, insbesondere Typhus, Bronchial-Lungenerkrankungen, infektiöse Darmkrankheiten, Malaria und rheumatische Affektionen."*[8]

Friedrich selbst schildert in seiner „Histoire de mon temps", wie er in seinem Quartier in Neiße im Frühjahr 1745 umfangreiche Aufzeichnungen über eine unter Soldaten und Zivilpersonen grassierende „Pest" gemacht hat[9], die dazu führte, daß in verseuchten Häusern keine Mannschaften mehr unterzubringen waren. Böse Zungen mögen nun behaupten, die medizinischen Impulse des Königs zur Hebung der Volksgesundheit seien darauf zurückzuführen, seine Armeen gut versorgt zu wissen. Das wird aber theoretisch durch verschiedene Äußerungen des Königs über die Humanität[10] und auch praktisch dadurch widerlegt, daß die tatsächlichen Maßnahmen nicht mit kriegerischen Ereignissen in Zusammenhang gebracht werden können. Im Gegenteil, die Versorgung der Soldaten blieb merkwürdigerweise zunächst weiter im Argen, denn es wurden nicht nur die Anzahl der Feldscher erst 1779 erhöht und auch erst 1780 Vorbereitungen für ein zweckmäßiges Lazarettreglement ergriffen. Demgegenüber sind folgende Maßnahmen im Laufe der Regierungszeit des Königs im zivilen Bereich zu benennen, die zeitlich viel früher realisiert wurden als die militärischen:

Der Kampf gegen die Pocken: Wenn man in der Gegenwart etwas über die Einführung neuer medizinischer Forschungsergebnisse in Form von Medikamenten in die Allgemeinmedizin erfährt, weiß man, daß in der Regel langjährige, sorgfältig überwachte Versuchsreihen der Zulassung vorangegangen sind. Dennoch werden auch heute noch Vorsicht und Zurückhaltung bei den niedergelassenen Ärzten hinsichtlich der Verwendung neuer Arzneimittel geübt. Im 18. Jahrhundert war die Skepsis gegenüber neuen Methoden noch viel stärker ausgeprägt und besonders unter den Medizinern selbst sperrte man sich häufig gegen revolutionäre Behandlungsmethoden.

Friedrich II. dachte da viel moderner als die meisten preußischen Ärzte. Da er grundsätzlich neuen Verfahren in der Medizin aufgeschlossen gegenüberstand und seinen Ärzten oft einen Auslandsaufenthalt bezahlte, damit diese gewisse Behandlungsmethoden vor Ort erlernen konnten, hatte ein Hinweis d'Alemberts auf eine Impfung gegen die „Blattern" seine Aufmerksamkeit gefunden. Als sich nun in den sechziger Jahren die Pocken in Brandenburg verstärkt ausbreiteten, ließ der König durch Vermittlung des englischen Gesandten in Berlin zwei englische Ärzte einreisen, die eine Impfung der Bevölkerung durchführen sollten. Diese würdigen Vertreter ihrer Zunft wollten aber 32 Taler für jede Impfung, was abgelehnt wurde. Als aber am 9. Juni 1767 der Lieblingsneffe des Königs Heinrich (der zweite Sohn von Friedrichs Bruder August Wilhelm) an den Pocken starb, machte Friedrich II. einen weiteren Anlauf zur Bekämpfung dieser Krankheit. Er ließ den in Dresden ansässigen englischen Arzt William Baylies (1718–1789) nach Berlin kommen, der hier die Impfung – gegen den Widerstand einiger einheimischer Ärzte – zunächst an Waisenkindern vornahm. Außerdem hielt er Kurse ab, zu denen preußische Ärzte aus Berlin und der Provinz abgeordnet wurden.

Zusätzlich wies der König die Ärzte des Ober-Collegium medicum an, dem Publikum Maßnahmen zur Prophylaxe und besonders zur Pflege, Ernährung und Behandlung von Kindern bekanntzumachen, die in den Zeitungen veröffentlicht wurden. Die Landbevölkerung sollte durch die Pfarrer entsprechend unterrichtet werden, die die Empfehlungen des Ober-Collegium von der Kanzel in gegebenen Abständen verlesen sollten.[11] Auch wenn die Impfung zunächst noch mit menschlichen Bakterien erfolgte, woraus sich nicht selten Komplikationen ergaben (die vorbeugende Impfung mit Kuhpocken erfolgte erst ab 1798), wurden die Kurse immer wiederholt, so daß im Laufe der Zeit in jeder preußischen Provinz genügend in der Impfung ausgebildete Ärzte vorhanden waren.

Der Kampf gegen die Säuglingsterblichkeit: Der Hauptgegenstand der Pockenimpfung war bereits die Bekämpfung der Kindersterblichkeit; auch die hohe Rate der Säuglingssterblichkeit ließ den König nicht unbeeindruckt. Den Anstoß zur Errichtung einer Hebammenschule gab offenbar ein Schreiben des Polizeidirektors und Stadtpräsidenten in Berlin Karl David Kircheisen († 1777) vom 25. Januar 1751. Darin schlägt Kircheisen die Errichtung einer Hebammenschule vor, in der die Hebammen an weiblichen Leichen die *„...zur Geburth gehörigen Teile demonstriret“*[12] bekommen sollten. Friedrich II. nahm die Anregung auf, und bereits 1751 wurde der erste Kurs von Dr. Johann Friedrich Meckel (1724–1774) im Theatro anatomico durchgeführt. Die Leichen waren verstorbene Angehörige der Armenhäuser. Für alle Hebammen in Berlin und in der Kurmark war der für die Teilnehmerinnen kostenlose Kurs mit anschließender Prüfung vor dem Ober-Collegium Voraussetzung für die Zulassung als „Wehemutter“. Am Ende der Regierungszeit des Königs lag eine ausgearbeitete Hebammenordnung für alle Provinzen vor.

Weitere Maßnahmen zur Pflege der Volksgesundheit

Friedrich II. interessierte sich – wie bereits erwähnt – für die damals aktuellen medizinischen Fragen und las die wichtigen Neuerscheinungen. In dem Zusammenhang sollen hier folgende Aspekte genannt werden:

Friedrich verfolgte sorgfältig die seinerzeit auftretende Debatte über die Entstehung des Menschen, hinsichtlich deren damals zwei Lehren gegeneinander argumentierten:

– die Evolutions- oder Präformationslehre, die die Ansicht vertrat, daß jeder organische Körper bereits im Samen oder Ei vor der Befruchtung existiere;

– und die sogenannte Epigenesis, die die Ansicht vertrat, jedes neue Wesen entstehe erst durch das Zusammenkommen weiblicher und männlicher Keime, ohne in einem von beiden bereits vorhanden gewesen zu sein.

Aufgrund der Kontakte zu dem italienischen Biologen Lazzaro Spallanzani (1729–1799) neigte Friedrich zu der Evolutionslehre.[13] Diese theoretische Debatte führte allerdings naturgemäß nicht zu konkreten medizinischen Maßnahmen.

Es ist bemerkenswert, daß der König die ersten Versuche förderte, den neuentdeckten Sauerstoff als therapeutische Maßnahme in der Medizin zu verwenden. 1783 führte der Leibarzt Christian Gottlieb Selle (1748–1800) zusammen mit dem Chemiker Franz Carl Achard (1753–1821) dazu Untersuchungen durch.

Im militärischen Bereich wurde auf Veranlassung des Königs eine Zeitlang mit der Herstellung eines Nährpulvers experimentiert, das gewissermaßen als „Eiserne Ration" die Verpflegung der Soldaten auf Märschen von der Feld-Bäckerei unabhängig machen sollte.[14]

Dem Berliner Krankenhaus, der Charité, galt während der gesamten Regierungszeit die besondere Aufmerksamkeit des Königs. Wenige Monate nach Regierungsantritt erließ er bereits Verordnungen zur Verbesserung der Verwaltung. Allerdings blieben die hygienischen Verhältnisse im Krankenhaus lange Zeit bedenklich: Die Zimmer waren zu klein und die Bettenanzahl zu gering. Erst 1785 wurden 40.000 Thaler zur Erweiterung bewilligt. Im jährlichen Durchschnitt sollen 3.000 Kranke hier behandelt worden sein.

Die venerisch infizierten Prostituierten wurden in der Charité in einem abgesonderten Bereich behandelt und erst nach völliger Genesung mit einem Attest wieder auf die männliche Menschheit losgelassen.

Neue Behandlungsmethoden oder Arzneien ließ der König von den zuständigen Ärzten überprüfen und sich Bericht erstatten. So beispielsweise bei Podagra (Gicht). Nicht nur aus persönlichem oder verwandtschaftlichem Interesse schickte der König den Regimentsfeldscher Voitus nach Paris, wo er eine neue *„(...) weniger gefährliche und schmerzhafte Art (...) zur Entfernung von haemoroidal Fisteln“*[15], die dort erfolgreich angewandt wurde, erlernen sollte.

Im tierärztlichen Bereich war die damals weit verbreitete Rinderseuche der größte Feind der Bauern. Auch Friedrich II. erließ – wie bereits sein Vorgänger – zahlreiche Edikte und Instruktionen. In einer Instruktion vom 18. 1. 1752 wurde angeordnet, daß jeder Kreis einen Feldscher anstellen mußte, dessen Aufgabe es war, gegen ein Gehalt von 15 Reichstalern monatlich die Dörfer zu bereisen, kranke Tiere zu identifizieren und Maßnahmen zu deren Isolation zu veranlassen. Am 3. 1. 1765 wurde das Verhalten der Beteiligten bei Seuchenausbruch festgelegt.

Die Idee, eine tierärztliche Hochschule in Berlin zu errichten, wurde zwar mehrfach angedacht, allerdings unterblieb der Bau eines dafür geeigneten Gebäudes aus Kostengründen. Erst 1790 wurde der Gedanke realisiert.

Gegen die Sterblichkeitsquote verwundeter Soldaten: Das Unbehagen, das Friedrich II. aufgrund der Konfrontation mit den Leiden seiner Soldaten in den beiden ersten Schlesischen Kriegen empfunden hatte, blieb leider zunächst ohne Folgen für die Armee. Auch die Versuche verschiedener preußischer Militärärzte, während und nach dem Siebenjährigen Kriege die Lage der Verwundeten zu verbessern, hatten zunächst keinen nachhaltigen Einfluß. So blieben Schriften von Ernst Gottfried Baldinger (1738–1804), Johann Leberecht Schmucker (1712 bis 1786) und (Johann) Christian Anton Theden (1714 bis 1797) ebenso ohne Konsequenzen wie die Bemühungen des Generalchirurgen Johann Ulrich Bilguer (1720–1796), der sich öffentlich gegen übereilte Amputationen kriegsverletzter Extremitäten gewandt hatte.

Anzahl der Feldscher in Fridericianischer Zeit
1740: 869 (1,1 % der Armee) 1763: 1078 (0,77 % der Armee)

Erst nach dem Bayerischen Erbfolgekrieg 1778/79 erkannte der König die Notwendigkeit umfassender Reformen. Die Verluste der Preußen waren ohne deutliche Feindeinwirkung erschreckend: Aufgrund mangelnder Hygiene und ordentlicher ärztlicher Versorgung waren in der Zeit vom 5. Juli 1778 bis zum Ende des Jahres 9.290 Mann gestorben. 37.980 Mann waren in die Lazarette eingeliefert worden, davon waren die wenigsten verwundet, sondern ihre Einlieferung beruhte auf Entkräftung und Erkrankung. Von den Eingelieferten starben 5.459 Soldaten. 3.841 Soldaten krepierten entlang der Marschstraßen, bevor sie überhaupt ärztlich versorgt werden konnten. In der 2. preußischen Armee, die vom Prinzen Heinrich befehligt wurde, verstarben 7,52 Prozent des Personalbestandes auch überwiegend an Krankheiten oder Erschöpfung. Von den mit den Preußen verbündeten 22.000 Sachsen kamen zwar 4.000 ins Lazarett, aber in den sächsischen Lazaretten starben nur 48 Männer.

Nach diesem Fiasko ging der König energisch gegen die katastrophalen Zustände vor. Am 13. Mai 1779 setzte der Frieden von Teschen dem Krieg ein Ende, und am 10. Dezember 1779 schrieb Friedrich an den Generalmajor von Braun wegen der Erhöhung der Anzahl von geschulten Feldschern: *„Ihr werdet also so gut seyn und Euch die Sache mit annehmen, und darauf halten, daß sie keine dummen Esels annehmen, sondern solche Leute aussuchen und notiren, die was ordentliches erlernet haben, und was rechts verstehen, auf daß sie hiernächst im Felde, und bey denen Lazareths mit Nutzen zu gebrauchen, und dabey noch ehrlich und zuverlässig sind."*[15]

Es bedurfte aber noch eines weiteren Anstoßes, um den König zu intensiverer Fürsorge für die Soldaten zu veranlassen: Im nächsten Jahr (also 1780) erschien in der Weygandschen Verlagsbuchhandlung in Leipzig eine anonyme Schrift, die große Beachtung fand: „Das Königlich Preussische Feldlazareth, nach seiner Medicinal- und ökonomischen Verfassung, der zweiten Armee, im Kriege von 1778 und 1779 und dessen Mängel aus Dokumenten erwiesen..." Es ist nicht eindeutig zu ermitteln, wann der König von dieser Schrift Kenntnis erhalten hat. Allerdings ist es nun wieder das Verdienst des Königs, daß er den Autor, der leicht zu identifizieren war, nicht des Hochverrats anklagte, sondern dessen gute Absichten erkannte, denn es war der Garnisonarzt von Halberstadt, Johann Gottlieb Fritze (1740–1793).

Also bestellte der König Dr. Fritze nach Potsdam und ließ sich am 17. Juli 1886 von diesem einen Bericht über sein Buch geben, den er sehr wohlwollend aufnahm. Grund dafür war sicherlich auch, daß Fritze die Schuld an dem Debakel nicht dem König gab, sondern den zuständigen Militärmedizinalpersonen.

Friedrich ernannte Fritze in einem Schreiben vom 19. Juli 1786 zum Oberaufseher über die Lazarette in Kriegszeiten und gab ihm den Auftrag, ein Feld-Lazarett-Reglement auszuarbeiten. Der Tod des Königs mußte Fritze doppelt getroffen haben, denn der Nachfolger Friedrich Wilhelms II. bestätigte ihn nicht im Amt des Oberaufsehers und im 1787 erlassenen Feld-Lazarett-Reglement, das wohl von dem Ersten Generalchirurgen (Johann) Christian Anton Theden stammte, findet man *„...Fritzens sachkundige Vorschläge nur partiell wieder."*[16]

Friedrichs privates Verhältnis zu Ärzten

Friedrich hatte – wenn man einmal von zwei ordentlich behandelten Pockenerkrankungen 1718 und 1724 absieht – ein sehr gespanntes Verhältnis zu den Ärzten. Nach dem Fiasko mit seiner falsch behandelten Geschlechtskrankheit und den katastrophalen Folgen (vgl. Anm. 1) war sein Vertrauen in die ärztliche Kunst restlos ruiniert. Er beschäftigte sich seitdem sein ganzes Leben lang mit medizinischen Fragen und neigte zur Selbstmedikation. Er ließ sich im Frühjahr und im Herbst zur Ader lassen, auch wenn keine akuten Beschwerden vorlagen. Nur wenn eigene Diagnose und selbstverordnete Medizin nichts mehr halfen, wurden Ärzte hinzugezogen. Allerdings hatte er wohl doch so unrecht nicht: Am 10. Juni 1749 schrieb er im Begleitschreiben seines „Epigramms gegen die Ärzte" an Voltaire (1694–1778): *„Ich habe Anlaß, etwas über ihr Verfahren aufgebracht zu sein; ich leide an der Gicht, und sie haben mich beinah durch ihre Schwitzkuren ins Jenseits befördert."*[17]

In zwei anderen Epigrammen an den Marquis d'Argens (1704–1771) wird der damals sehr berühmte Arzt Johann Nathan Lieberkühn (1711–1778) namentlich genannt. Da heißt es u.a. *„(...) Du glaubst getrost, was unverschämt Dein Doktor Ignorans nur schwatzt, der herzlich plump mit Speisen Dich aus seiner Apotheke stopft – und mit gar manchem langen Wort, das die Zergliederungskunde braucht. (...)"* [18]

Sein sowieso schon zynisches Temperament fand in ärztlichen Bemühungen einen geeigneten Gegenstand zur spöttischen Verachtung. So meinte er z. B. zu dem Doktor Tralles, der seinen Bruder Ferdinand Ende 1757 in Breslau (wahrscheinlich wegen einer Rippenfellentzündung) behandelte: *„Das wird er inzwieschen nicht läugnen, daß ein jeder Doctor vorher einen Kirchhof füllen muß, ehe er Krancke curiren kan; sage er mir doch, war sein Kirchhof groß, und ist er mit dem Füllen bereits fertig?"*[19]

Aufgrund der autodidaktisch gewonnenen medizinischen Kenntnisse neigte der König dazu, Personen in seiner Umgebung mit medizinischen Ratschlägen zu konfrontieren, sich in die Behandlung ihm nahestehender Personen einzumischen und die behandelnden Ärzte zu examinieren.[20] Die Fürsorge für Personen, die ihm seelisch nahe standen, entbehrte gelegentlich nicht einer gewissen Hybris, wie z. B. ein Briefwechsel mit seinem Kammerdiener Fredersdorf erhellt.[21]

Trotz seiner Kenntnisse verhielt Friedrich sich selbst überhaupt nicht gemäß der angelesenen Theorien, sondern lebte in der Praxis in absolutem Widerspruch zu seinen Erkenntnissen, was sich insbesondere in seinen Eßgewohnheiten niederschlug. Aber auch hinsichtlich der Einteilung seiner Arbeitskraft und der Schonung seiner Gesundheit während und nach Krankheiten ging er äußerst rücksichtslos mit seinem „Seelenfuteral" um. Man kann fast behaupten, der König hätte aufgrund seiner im Grunde robusten Konstitution noch länger gelebt, wenn er diese nicht durch seine unvernünftig ungesunde Lebensweise ruiniert hätte.

Das Bild zeigt den alternden König Friedrich in seiner Bibliothek. Miniatur von A. F. König, Wasserfarben auf Elfenbein, 1769

Die Krankheiten des Königs

Viele Erkrankungen des Königs lassen sich auf seine ungesunde Ernährung zurückführen; so litt er an Koliken der Niere, Leber und Milz, permanenten Verdauungsstörungen und – z. T. auch erblich belastet – an der Gicht (Podagra) und an Hämorrhoidalbeschwerden. Im April 1727 hatte er Gelbsucht.

Das Krankheitsbild des Königs wurde – nach eigenen Aussagen oder nach Äußerungen seiner Bediensteten – geprägt von gelegentlichem Herzklopfen, Kopfschmerzen, Schlaflosigkeit und ständigen starken Schweißausbrüchen.

Wie neueste Forschungen ausweisen, sind seine häufigen Fieberanfälle, Kältezittern und Schwindelerscheinungen auf eine Malaria quartana zurückzuführen, die er sich vor dem 12. August 1740 in der Umgebung seines Rheinsberger Schlosses zugezogen hat.[22] Eine leichte Hemiplegie (Schlaganfall) am 13. Februar 1747, die in der Literatur Erwähnung findet und die Friedrich selbst beschrieben hat, kann wohl eher mit der Malaria in Verbindung gebracht werden.

Am 18. September 1785 erlitt der König einen Asthma-Anfall (Stickfluß), von dem er sich nicht richtig erholte. Die allgemeine körperliche Zerrüttung, Entzündungen am linken Bein, Wasser im Körper und zunehmende Entkräftung führten am 17. August 1786 zum Ableben des Königs.[23]

Ein besonderes Kapitel: die Diät des Königs

Wenn es wirklich Widersprüche im Leben und Werk Friedrichs des Großen gegeben haben sollte, dann sicher in seiner Auffassung von Diät.[24] Friedrich kannte die Vorteile einer gesunden Ernährung. So empfahl er allen Personen, die in seinem Umkreis erkrankten, geräuchertes Fleisch, Kaffee, Wein und Likör – ja überhaupt alle blähenden und erhitzenden Gerichte zu vermeiden und statt dessen eine *„(...) Supe consomé, ohne pfeffer und ohne gewirtz (...)"* zu verzehren. Er behauptete gegenüber anderen, er habe selbst erfolgreich eine Diät eingehalten.

In Wirklichkeit liebte er pikante, stark gewürzte Speisen; er aß zwar nicht sehr viel von jedem Gericht, aber dafür immer mindestens acht bis zehn verschiedene – allerdings niemals am Abend. Dazu wurde Ungarwein, Bergerac und mit Wasser vermischter Mosel getrunken; außerdem pro Mahlzeit eine Flasche Champagner. Morgens trank er zunächst mehrere Gläser Wasser, danach aber sieben bis acht Tassen Kaffee. Eine weitere Angewohnheit war der Genuß von Obst – Kirschen, Feigen, Pfirsiche und Muskatellertrauben – was in der verspeisten Menge dann aber doch auch wieder ungesund war.

Der Krückstock entstand zwischen 1755 und 1765. Er gehört zu den fünf im Nachlaß des Königs erwähnten Krückstöcken und ist heute noch im Besitz des Hauses Hohenzollern. Gold, spanisches Rohr, 97 cm lang

Seinem Koch Noel widmete Friedrich sogar ein Epigramm, in dem es u. a. heißt: *„Ich scherze nicht im ganzen Geiste, Herr Noel, Deine große Kunst giebt Dir gewiß Unsterblichkeit. (...) Wie viel Filets hast Du erdacht! wie viel Pasteten schon geformt! Wie viele Farcen und Hachis, so schmackhaft wie Ambrosia, von denen oftmals unser Gaum zu stark entzückt, wollüstiglich gekitzelt und geschmeichelt wird."*[25]

Friedrichs Interesse an medizinischen Fragen galt der Wohlfahrt seiner Untertanen. Er nahm pragmatisch neue Strömungen auf und versuchte, moderne Forschungsergebnisse für die Volksgesundheit umzusetzen. Selbstverständlich blieb er als medizinischer Laie dem ärztlichen Wissen seiner Zeit verhaftet. Seine Bemühungen auf dem medizinischen Sektor fügen sich nahtlos ein in die umfassende Sorge des Königs für den Staat Preußen, für dessen Bewohner und deren Wohlergehen er sich verantwortlich fühlte.

Hinsichtlich der medizinischen Einstellung zur eigenen Person soll er abschließend selbst (wohl vom März oder April 1770) zu Worte kommen: *„Auch mein Bau wird, das fühl ich, nun schon morsch; mich trägt der stark gelähmte Fuß nicht mehr. Indeß, bedeckt von Trümmern, bin ich doch nur froh, daß meiner Krankheit wilder Sturm, so stark er war, bis diesen Augenblick von ungefähr den Kopf mir noch verschont."*[26]

Anmerkungen

1 Die neueste Forschung für diesen Bereich hat der Verfasser unter dem Titel „Fridericus Privatissimus" veröffentlicht. Diese Arbeit befaßt sich mit der Geschlechtskrankheit des Kronprinzen Friedrich und den fatalen Folgen für sein Sexualleben und ist als Sonderdruck des Vereins Forschungsstätte zur Fridericianischen Zeit – Schloß Zernikow e.V. gegen eine Spende auf das Konto des Vereins vom Verfasser zu erhalten.

2 Dazu traten noch geistige Verbindungen von Medizin und Aufklärung, wie sie z. B. im materialistischen Konzept des Arztes La-Mettrie vorgelegt wurden. Letzteres hatte aber auf die praktische Therapie von Erkrankungen nur geringen Einfluß.

3 Thomas Philipp von der Hagen, Nachricht von den Medizinalanstalten und medizinischen Collegiis in den preußischen Staaten, Berlin 1786.

4 So waren z. B. Eller und Cothenius sowohl Mitglieder des Ober-Collegium medicum als auch General(feld)stabsmedici.
5 Friedrich Nicolai, Beschreibung der Königlichen Residenzstätte Berlin und Potsdam, aller daselbst befindlicher Merkwürdigkeiten, und der umliegenden Gegend, 3. Aufl., Bd. 1, Berlin 1786, S. 343.
6 G(otthold) L(udwig) Mamlock, Friedrichs des Großen Korrespondenz mit Ärzten, Stuttgart 1907, S. 138.
7 Zitat aus den Krankentabellen des Breslauer Lazarettes im Breslauer Staatsarchiv bei Mamlock (s. Anm. 6), S. 12.
8 Mamlock (s. Anm. 6), ebenda.
9 J(ohann) D(avid) E(rdmann) Preuß (Hg.), Œuvres de Frédéric le Grand Tome III, Berlin MDCCCXLVI, S. 101–102.
10 Jürgen Ziechmann, Humanität als soziales Anliegen – Die Armenpolitik Friedrichs des Großen, in: Jürgen Ziechmann (Hg.), Fridericianische Miniaturen 4, Bremen 1997.
11 Mamlock, (Anm. 6), S. 152.
12 Mamlock, (Anm. 6), S. 68/69.
13 Mamlock, (Anm. 6), S. 119.
14 Mamlock, (Anm. 6), S. 78/79 und 133.
15 Mamlock, (Anm. 6), S. 101/2.
16 Peter Kolmsee, Die Kritik des Johann Gottlieb Fritze am Feldlazarett bei der Armee des Prinzen Heinrich im Bayerischen Erbfolgekrieg und ihre Wirkung auf Friedrich den Großen, in: Jürgen Ziechmann (Hg.), Fridericianische Miniaturen 4. Bremen 1997, S. 215.
17 Gustav Berthold Volz (Hg.), Die Werke Friedrichs des Großen, Band 10, Berlin 1914, S. 94. Das Epigramm ist dort vollständig in deutscher Übersetzung abgedruckt.
18 Hinterlassene Werke Friedrichs II. Königs von Preußen, Band 7, Wien 1789, S. 169/170.
19 Balthasar Ludewig Tralles, Aufrichtige Erzehlung seiner mit König Friedrich dem Großen, der grossen Kayserin Maria Theresia, und der Durchl. Hertzogin von Sachsen-Gotha Louise Dorothea gehaltenen Unterredungen, als auch Begebenheiten, welche sie veranlasset haben, nebst einigen Anmerkungen, Breslau 1789, S. 31.
20 Ein Beispiel dafür ist die Passage einer derartigen Examination bei Tralles, s.o. (Anm. 19), S. 22–30.
21 Johannes Richter (Hg.), Die Briefe Friedrichs des Großen an seinen vormaligen Kammerdiener Fredersdorf, Berlin 1925. Das Buch ist infolge der Kriegsverluste in den verschiedenen Archiven nicht mehr in allen Einzelheiten auf seine Authentizität nachprüfbar, so daß Zweifel, ob und inwieweit Richter eigene Erfindungen hat mit einfließen lassen, nicht mehr ausgeräumt werden können. Die Zitat auf S. 95 finden sich ebenda S. 100 und S. 382.
22 Wilhelm Hartmut Pantenius, „Dieses Mal bin ich Plutos Reich noch entronnen..." Die Malaria-Erkrankung Friedrich des Großen, in: Jürgen Ziechmann (Hg.), Fridericianische Miniaturen 2, Bremen 1991, S. 122 ff.
23 Christian Gottlieb Selle, Krankheitsgeschichte des Höchstseligen Königs von Preußen Friedrich des Zweyten Majestät, Berlin 1786.
24 Gotthold Ludwig Mamlock, Über die Diät Friedrichs des Großen, in: Zeitschrift für diätetische und physikalische Therapie 1902/03, S. 357-360.
25 Hinterlassene Werke (vgl. Anm. 18), S. 186 ff.
26 Hinterlassene Werke (vgl. Anm. 18), S. 206.

Der Kurgast

„Ich stehe um vier Uhr auf, trinke bis acht Uhr Pyrmonter Brunnen, schreibe bis 10 Uhr, lasse bis Mittag Regimenter exerzieren, schreibe bis fünf Uhr und erhole mich des Abends bei guter Gesellschaft."

(Friedrich II. in einem Brief an Voltaire vom 27. Juli 1740)

„S. Kgl. Majestät der König von Preußen haben heute 14 Tage getruncen und 6 mahl gebadet, finden sich gottlob wol und recht vergnügt, bleiben noch bis den 9. Jun. nachmittags, da Sie geraden Wegs auf Potsdam wieder abreisen werden."

(Berichtet der waldeckische Amtsarzt Dr. Johann Philipp Seip am 5. Juni 1744 an seine vorgesetzte Dienststelle)

FRIEDRICH II.

Hermann Engel

Der Pyrmonter Brunnenarzt und sein königlicher Gast

Friedrich II. und seine beiden Kuraufenthalte in Pyrmont

Im Alter von 32 und 34 Jahren, also noch als junger Regent, reiste Friedrich II. nach Pyrmont. Kupferstich von J. G. Wille, um 1763, nach einem Gemälde von Antoine Pesne.

Im Vergleich mit dem berühmten Pyrmonter Fürstensommer von 1681[1], mit den Besuchen des Zaren Peter der Große[2] und der preußischen Königin Luise[3] von 1716 bzw. 1806, fällt die unmittelbar zeitgenössische Überlieferung der beiden Pyrmonter Kuraufenthalte Friedrichs des Großen in den Jahren 1744 und 1746 äußerst spärlich aus. Dieser „Pyrmonter Quellenmangel" dürfte auch der Grund dafür sein, daß die zahlreichen Biographien und Abhandlungen über den dritten Preußenkönig die beiden Pyrmontreisen gar nicht oder nur beiläufig in ein oder zwei Sätzen erwähnen.

Eine Ausnahme bildet lediglich eine wenig beachtete Darstellung von Karl Janicke, der 1874/1875 die Briefe größtenteils zitierte und kurz kommentierte, die zwei geheime Berichterstatter aus Hannover im Auftrag des englischen Königs Georg II. über das Pyrmonter Geschehen von 1744 und 1746 nach London gesandt haben.[4] Diese ausführliche Schilderung von Janicke befruchtete vor allem die heimatgeschichtliche Literatur und zwar sowohl in positiver wie in negativer, ausschmückender Weise. Auf daraus entstandene Geschichtsfälschungen hat Jürgen Ziechmann kürzlich detailliert hingewiesen.[5]

Bevor wir jedoch auf das Pyrmonter Geschehen in den Mai- und Juniwochen der Jahre 1744 und 1746 näher eingehen, wollen wir zunächst den Pyrmonter Gastgeber Friedrichs II., den einheimischen Brunnenarzt Dr. Johann Philipp Seip, gebührend vorstellen. Denn der Ruf und die Besucherzahl eines deutschen Kurortes wurde bis zur Mitte des letzten Jahrhunderts wesentlich beeinflußt durch die Fähigkeiten und die Beliebtheit eines oder mehrerer Badeärzte, zumal die Kurgäste fast ausschließlich als „Privatpatienten" ins

Bad reisten. Ein Musterbeispiel dafür ist der einheimische Brunnenarzt Dr. Johann Philipp Seip (1686–1757), der nicht zufällig der behandelnde Mediziner und zugleich Gastgeber Friedrichs des Großen gewesen ist.

Der 1686 in Pyrmont geborene Arzt Dr. Seip genoß weit über die Grenzen Deutschlands hinaus ein hohes Ansehen. Kupferstich, 1. Hälfte 18. Jh.

Der Brunnenarzt Dr. Johann Philipp Seip

Der spätere Medicus wurde am 28. Oktober 1686 in Oesdorf – heute ein Stadtteil von Bad Pyrmont – geboren. Als praktizierender Pietist ließ der gleichnamige Vater und Pfarrer seinen 15jährigen Buben das Pädagogium in Halle an der Saale besuchen. Zwei Jahre später begann er im Herbst 1703 das Medizinstudium in Gießen bei Professor B. M. Valentini. Dieser hielt seit einigen Jahren Vorlesungen über den therapeutischen Gebrauch mehrerer hessischer und waldeckischer – darunter auch über den Pyrmontischen – Sauerbrunnen.[6] Ende 1704 verließ Seip Gießen, um seine Studien in Holland zu erweitern. Über die Universitäten in Groningen, Harderwijk und Leiden kam er nach Utrecht. Hier promovierte er im November 1709 zum Dr. med. mit einer Dissertation über den Ursprung vieler Krankheiten durch den Mißbrauch von Speise und Trank. Die folgenden anderthalb Jahre verbrachte der junge Mediziner vorwiegend in London u. a. als Zuhörer des großen Physikers Isaac Newton und des bekannten Mediziners Hans Sloane. Mit ihm und anderen englischen Persönlichkeiten schloß Johann Philipp Seip damals Freundschaften, für die spätere Briefwechsel Zeugnis ablegen. Er erwarb sogar am 10. November 1710 in London das englische Bürgerrecht.

Über Zwischenstationen in Flandern kehrte Johann Philipp Seip nach gut achtjährigen Studien- und Wanderjahren am 2. Februar 1712 nach Oesdorf zurück, wo er sofort seine sicherlich überdurchschnittlichen Kenntnisse und Erfahrungen zum Wohle der Einheimischen und vor allem der Pyrmonter Kurgäste anwandte.

Während seines 45jährigen ärztlichen Wirkens blieb Seips kreatives Engagement für den Kurort Pyrmont stets spürbar. Bereits 1713 ernannte Fürst Friedrich Anton Ulrich von Waldeck und Pyrmont den Oesdorfer Pfarrersohn offiziell zum Pyrmonter Brunnen- und zum Amtsarzt der kleinen, 66 km^2 großen Grafschaft Pyrmont. Sechs Jahre später erfolgte die Berufung zum Leibarzt und 1723 wurde er letztlich in den Rang eines waldeckischen Hofrats erhoben. Diese Auszeichnungen waren nicht nur eine Anerkennung und Würdigung seiner Pyrmonter Verdienste, sondern sie spiegeln gleichzeitig das fast freundschaftliche Verhältnis zum waldeckischen Landesherrn wider, der selbst sowie andere fürstliche Familienmitglieder die Patenschaft für mehrere der elf Kinder des Ehepaares Seip übernommen hat.

Schon in den ersten fünf Jahren nach seiner Rückkehr machte der junge Medicus zwei bedeutende und zukunftswirksame Entdeckungen in und für Pyrmont.

Auf der Sohle eines Pyrmonter Steinbruches konnte er Dünste beobachten, deren Aufsteigen und Absinken von der jeweiligen Tagestemperatur abhängig waren. 25 Jahre lang beschäftigte er sich mit dieser Naturmerkwürdigkeit. 1720 errichtete der Pyrmonter Brunnenarzt mit fürstlicher Genehmigung über der Dunsthöhle ein Steingewölbe, das er 1737 renovierte und erweiterte. Erst knapp 200 Jahre später erinnerte ein Arzt aus Hannover an das teils erfolgreiche Seipsche Heilungsverfahren. So baute man schließlich 1950 das CO_2-Quellgasbadehaus, in dem vor allem die Schmerzen zahlreicher Kriegsversehrter gelindert und die Heilung ihrer schweren Verletzungen beschleunigt werden konnten. Heute ist die CO_2 trockene Anwendungspraxis mit der in der zweiten Hälfte des 18. Jahrhunderts vergleichbar. Trotzdem bleibt die Dunsthöhle ein für Deutschland und Europa singuläres – und dazu fast unbekanntes – Naturphänomen.

Nur knapp 150 Meter entfernt entdeckte der inzwischen namhafte Brunnenmedicus im Jahre 1717 eine ergiebige und wohlschmeckende Heilquelle, den sogenannten Bergsäuerling. Auf seine Empfehlung ließ Fürst Friedrich Anton Ulrich zu Waldeck im Jahre 1720 die neue Quelle einfassen und darüber ein Gewölbe errichten, *„damit man das Wasser rein und frisch schöpfen könne"*[7]. Diese zweite Entdeckung war zweifellos für den guten Ruf des Bades Pyrmont wesentlich wirkungsvoller, da sich der Bergsäuerling nicht nur bei den Kurgästen zunehmender Beliebtheit erfreute, sondern sich auch in kurzer Zeit zu einem Exportschlager entwickelte.

Der sog. „Spatziergang", die heutige Hauptallee, war der Treffpunkt der Badegesellschaft. Augsburger Guckkastenblatt, kolorierter Kupferstich, 2. Hälfte 18. Jh.

Seips wissenschaftliches Interesse galt vorrangig der Erforschung der Pyrmonter Heilquellen. Seine diesbezüglichen Erkenntnisse veröffentlichte er zum ersten Mal im Jahre 1717 als Buch mit dem Titel „Neue Beschreibung der Pyrmontischen Gesundbrunnen", das auch in englischer und holländischer Übersetzung erschien. Übrigens hat den historischen Teil über Pyrmonts Vergangenheit kein geringerer als der Universalgelehrte Gottfried Wilhelm Leibniz korrigierend mitgelesen, als er im Sommer 1716 – also in seinem letzten Lebensjahr – gleich zweimal im Hause des Pyrmonter Brunnenarztes als Kurgast weilte.

Die medizinische Fachwelt beurteilte die Pyrmont-Publikation von Seip äußerst positiv. Der Mediziner Gottlieb Carl Springsfeld sah in Seip den führenden deutschen Balneologen, *„da dieser unter den Brunnenscrilenten ohnstreitig der erste ist, welcher die ganze Wissenschaft und Lehre von mineralischen Brunnen und Wassern in eine Ordnung und zusammenhängendes Lehrgebäude gebracht hat"*.[8]

Aber der Pyrmonter Amtsarzt war auch mit den neuesten Behandlungsmethoden in der gesamten medizinischen Wissenschaft bestens vertraut. Im Osmanischen Reich hatte man die Untertanen gezielt mit dem Pockenerreger infiziert, um die Menschen gegen die damals gefürchtetste Krankheit zu immunisieren. Sogar die Gemahlin des englischen Gesandten in Konstantinopel ließ ihre Kinder mit Erfolg impfen. Diesem Beispiel folgte dann die englische Prinzessin und Schwiegertochter des englischen Königs Georg I. Karoline aus dem Hause Brandenburg-Ansbach, und zwar nach vorheriger Konsultation des berühmten Mediziners Dr. Hans Sloane, dem Begründer des Britischen Museums und Brieffreund des Pyrmonter Brunnenarztes Seip. So hatte 1721/22 der Kampf gegen die Pocken in England und im Kurfürstentum Hannover erfolgreich begonnen.[9]

Als dann im Juli 1725 der Hannoversche Kurfürst und englische König Georg I. zur Brunnenkur in Pyrmont – übrigens zum fünften Mal! – weilte, bat der einheimische Brunnenarzt die beiden mitgereisten Hannoverschen Leibärzte und Hofchirurgen Wreden sen. und jun. eine Pocken-Inoculation vorzunehmen. Das dabei anwesende Gremium von insgesamt sieben namhaften Leib- und Hofärzten unterstreicht den Symbolcharakter dieses ungewöhnlichen Vorganges. Es dürfte eine der ersten Pockenschutzimpfungen im Deutschen Reich gewesen sein, wenn man das Kurfürstentum Hannover einmal ausklammert. Vergleichbare innovative Versuche und Eingriffe wurden in der Regel fast ausschließlich in deutschen Universitäts- oder Haupt- bzw. Residenzstädten vorgenommen.

Aufgrund seiner unleugbaren Verdienste für die medizinische Wissenschaft nahm 1733 die Königliche Akademie der Wissenschaft in Berlin den Oesdorfer Pfarrersohn auf, drei Jahre später folgte die Londoner Königliche Akademie. Die höchste Ehrung erhielt er nach dem Erscheinen der vierten Auflage seiner Pyrmonter Brunnenbeschreibung. Die renommierte Kaiserliche Leopold-Carolinische Akademie der Naturforscher in Halle/Saale ernannte den waldeckischen Hofrat und Leibarzt 1752 zum ordentlichen Mitglied.

Infolge der englischen Übersetzung von Seips Brunnenbeschreibung, berichtete Seips Londoner Korrespondent im Dezember 1717, „*wird das Pyrmonter Wasser dem Spaw Wasser, welches vorher in England für das beste mineralische Wasser gehalten und von dem allein in London jährlich 20.000 Flaschen getrunken werden, weit vorgezogen*“[10]. Sieben Jahre später konnte der Pyrmonter Brunnenarzt stolz seiner

vorgesetzten Behörde in Arolsen mitteilen, daß die Engländer alleine so viel Pyrmonter Wasser *„consumieren (...) als alle unsere Landes-Leuthe in Teutschland“*[11]. Aus dem ersten Halbjahr 1744 ist eine Versandliste überliefert. Danach wurden mehr als Dreiviertel, genau 30.280 Bouteillen, über Bremen nach England verschifft. So hatte sich die Bergsäuerlingsquelle in verhältnismäßig kurzer Zeit seit ihrer Entdeckung im Jahre 1717 für das hochverschuldete Fürstenhaus Waldeck zu einer zusätzlichen lukrativen Einnahmequelle entwickelt. Das Hauptverdienst dafür gebührt zweifellos Seip, ohne dessen großes Engagement und seine einflußreichen Kontakte nach London der englische Exporthandel mit dem Pyrmonter Mineralwasser gar nicht angelaufen und ausgebaut worden wäre.

Der Pyrmonter Amtmann Heinrich Ortgies (1664–1693) errichtete 1676/77 den „Alten Fritz“ als erstes Kurgästehaus in der Brunnenstraße. Fotografie um 1910 und heutiger Zustand (rechte Seite).

Auch in anderen Bereichen zeichnete sich der Pyrmonter Amtsarzt durch eine rege und erfolgreiche Geschäftstüchtigkeit aus. In der Brunnenstraße hatte schon sein Vater im Oktober 1702 vom Waldecker Grafen gut 13.000 m² Bauland zu einem Quadratmeterpreis von 1,5 Groschen erworben.[12] Zum Vergleich: Der Tageslohn eines Pyrmonter Handwerksmeisters betrug 8 Groschen. Auf dieser in der Brunnenstraßen größten Grundstücksparzelle, die sich von der Einmündung der Rathausstraße in Richtung Brunnenplatz bis zur heutigen Stadtsparkasse erstreckte, baute zunächst der Vater Johann Philipp Seip ein Kurgästehaus. Ein zweites errichtete dort 14 Jahre später sein gleichnamiger Sohn und Brunnenarzt.

Anfang 1729 kaufte der Sohn noch ein zweites Haus in der Brunnenstraße, den sogenannten „Alten Fritz“, und zwar von den Erben des ehemaligen Pyrmonter Amtmannes Heinrich Ortgies (1664–1693). Dies war nicht, wie von

Seip selbst verbreitet[13], das „Alte Amtshaus", das am Beginn der heutigen Lauengasse stand.[14] Denn als Anfang 1676 die Brunnenstraße nach achtjähriger Vorplanung endlich baureif wurde, ließ der höchste Beamte der Grafschaft Pyrmont sein zweites Haus zur besseren *accommoditaet* der Brunnen-Gäste fertig stellen. Für dieses großzügige städtische Patrizierhaus hat der spätere Reichsfürst Georg Friedrich dem Amtmann Ortgies und seinen Erbnachfolgern am 22. Februar 1676 die *„Freyheit von allen Lasten (...) in perpetuum in Gnaden ertheilet"*.[15] Diese ewigen Privilegien bestätigte Fürst Carl August Friedrich von Waldeck am 4. März 1729 seinem Leibarzt Seip, dem neuen Hauseigentümer. In seinen beiden noblen Kurhäusern hat der einheimische Brunnenarzt zahlreiche berühmte Persönlichkeiten begrüßen und als Patienten medizinisch beraten und betreuen können, etwa den Zaren Peter den Großen von Rußland, den englischen König Georg I. sowie den Universalgelehrten Leibniz. Andererseits hat Johann Philipp Seip dadurch auch die Schattenseiten, d. h. die Alltagssorgen eines Pyrmonter Pensionsinhabers, in allen Einzelheiten kennengelernt.

Als fachkundiger Arzt und als sachkundiger Gastronom war Johann Philipp Seip ein Glücksfall für Pyrmont. Ohne sein großes und stets kreatives Engagement wäre Pyrmont in der ersten Hälfte des 18. Jahrhunderts nicht zum führenden Kurort in Deutschland aufgestiegen. Der weithin gute Ruf des Brunnenarztes und seiner aufblühenden Badestadt Pyrmont dürften am Berliner Hof nicht unwesentlich dazu beigetragen haben, daß Friedrich der Große in den Jahren 1744 und 1746 zur Erholung ins Pyrmonter Tal reiste.

Die politische Großwetterlage 1740–1746

Als knapp fünf Monate nach der Thronbesteigung Friedrichs II. am 20. Oktober 1740 mit dem plötzlichen Tod Kaiser Karls VI. die Habsburger Dynastie im Mannesstamm ausstarb, sah der neue Hohenzollern-Regent die unerwartet große Chance, durch die Eroberung Schlesiens in den Kreis der europäischen Großmächte aufzusteigen und gleichzeitig das Haus Habsburg als machtpolitischen Rivalen im Deutschen Reich und in Europa zu schwächen. Mit dem überraschenden militärischen Einmarsch Friedrichs II. zum „Rendezvous des Ruhmes" begann am 16. Dezember 1740 der Erste Schlesische Krieg, der Mitte 1742 mit den Friedensverträgen von Breslau und Berlin erfolgreich für den preußischen Angreifer beendet wurde: Österreich mußte ganz Nieder- und Oberschlesien sowie die böhmische Grafschaft Glatz an Preußen abtreten. Doch die Hoffnung Friedrichs II., das Haus Habsburg und die anderen europäischen Monarchen würden diese wertvolle Gebietserweiterung von insgesamt 35.000 km^2 stillschweigend tolerieren, sollte sich bald als Trugschluß erweisen.

Am 25. Januar 1742 wählten die Kurfürsten den Wittelsbacher Karl Albrecht in der neuen Residenzstadt Frankfurt am Main zum Kaiser Karl VII. Bereits zwei Tage später besetzten die Österreicher die bayerische Hauptstadt München. Karl VII. war somit zum machtlosen Kaiser ohne eigene Hausmacht degradiert. Der Preußenkönig versuchte nun, durch ein Bündnis der deutschen Reichsfürsten, die Position des neuen Reichsoberhauptes zu stärken und Maria Theresia von Österreich zur offiziellen Anerkennung Karls VII. und zum militärischen Rückzug aus dem Kurfürstentum Bayern zu bewegen. Diese diplomatischen Bemühungen Friedrichs II. blieben jedoch erfolglos. Statt dessen schloß das Haus Habsburg mit England und Sardinien in Worms einen Vertrag ab, in dem sich die drei Mächte gegenseitig ihren Besitzstand von 1739 garantierten und damit faktisch die Rückgabe Schlesiens vertraglich zugesichert wurde.

Der preußische Monarch reagierte umgehend und plante eine politisch-militärische Allianz mit dem Wittelsbacher Kaiser, der Kurpfalz und Hessen-Kassel, der sich dann Frankreich anschließen sollte. Auch die diplomatischen Aktivitäten mit dem Pfälzer Kurfürsten Karl Theodor und dem Statthalter Wilhelm VIII. von Hessen-Kassel verliefen positiv. So verpflichteten sich Kaiser Karl VII., Preußen, Kurpfalz und Hessen-Kassel am 22. Mai 1744 in der Frankfurter Union erstens das gesamte Heilige Römische Reich in seiner wohl hergebrachten Verfassung aufrecht und die kaiserliche Würde, Dignität und Macht zu erhalten. Außerdem garantierten sich die vier Mächte gegenseitig den gegenwärtigen Landbesitz sowie militärische Beihilfe bei einem eventuellen Angriff. Ferner schloß Frankreich, das schon am 15. März und 26. April 1744 England bzw. Österreich den Krieg erklärt hatte, ein geheimes Schutz- und Offensivbündnis mit Preußen ab. Eine Beitrittserklärung zu dieser Frankfurter Union vom 22. Mai unterzeichnete der französische Gesandte Chavigny im Auftrag seines Königs am 6. Juni 1744 in Frankfurt.

Mit den drei Verträgen vom 22. Mai, 5. und 6. Juni waren die grundlegenden Voraussetzungen für den Zweiten Schlesischen Krieg geschaffen, der dann am 15. August 1744 mit dem Abmarsch von 80.000 preußischen Soldaten nach Böhmen begann.

Alle drei Bündnisse, Ergebnisse monatelanger diplomatischer Bemühungen, wurden während der ersten Kur Friedrichs des Großen in Pyrmont vom 22. Mai bis 9. Juni 1744 ratifiziert und traten somit rechtsverbindlich in Kraft. Diese Endphase der Vertragsverhandlungen hat den Preußenkönig stärker in Anspruch genommen, als es die meisten Zeitgenossen in Pyrmont wahrnehmen konnten.

Eine weitere Belastung dürfte eine überraschende Nachricht ausgelöst haben, die den königlichen Kurgast in Pyrmont erreichte und ihn zum schnellen Handeln zwang. In der Nacht vom 25./26. Mai 1744 war der letzte Fürst Karl Edzard aus dem Hause Cirkzena, das seit 1664 in der Grafschaft Ostfriesland regierte, im Alter von nur 28 Jahren verstorben. Zwar besaßen die Hohenzollern seit 1694 eine kaiserliche Bestätigung für den Erbanspruch auf Ostfriesland, doch auch der Kurfürst von Hannover und gleichzeitige englische König Georg II. erhob Ansprüche. Deshalb hatte Friedrich II. vorsorglich schon am 11. März 1744 ein Geheimabkommen mit der wichtigsten ostfriesischen Stadt Emden abgeschlossen. Sechs Tage nach dem Tod des letzten einheimischen Regenten marschierten 80 preußische Soldaten in die ostfriesische Residenzstadt Aurich ein. Ferner unterschrieb der königliche Kurgast in Pyrmont einen Marschbefehl für eine in Wesel stationierte Infanterieeinheit nach Ostfriesland. Als wenig später der kurhannoversche Beamte Voigt in Emden eintraf, um welfische Erbansprüche anzumelden, war die Inbesitznahme Ostfrieslands durch Preußen de facto bereits abgeschlossen. So hatte Friedrich der Große während seines ersten Pyrmonter Kuraufenthaltes durch schnelles und konsequentes Agieren den Besitz Ostfrieslands und somit den wichtigen Zugang zur Nordsee ohne militärische Auseinandersetzungen gesichert.[16]

Bis zur zweiten Pyrmont-Kur des Hohenzollernkönigs im Mai/Juni 1746 sollte sich die politische Wetterlage in Deutschland und Europa grundlegend verändern und insgesamt beruhigen.

Nach dem erfolgreichen Einmarsch des preußischen Heeres in Böhmen und der raschen Übergabe der Hauptstadt Prag Mitte September 1744 verschlechterte sich die Position Friedrichs II. rapide. Am 8. Januar 1745 vereinigten sich Habsburg, die Niederlande, England und Sachsen-Polen in einer geheimen Allianz. Zwölf Tage später verstarb der unglückliche Kaiser Karl VII. unerwartet in München. Damit hatte die Frankfurter Union vom 22. Mai 1744 ihre politische Zielsetzung verloren, nämlich die schwache kaiserliche Machtbasis des Wittelsbachers zu stärken und auszubauen. Zudem suchte Maria Theresia nun den Ausgleich mit Bayern. Als auch Hessen-Kassel und Kurpfalz offiziell aus der Frankfurter Union ausschieden, war der Preußenkönig von allen verlassen. Er konnte bei den energischen Bemühungen Maria Theresias, Schlesien wieder zurückzuerobern, von niemandem militärische Unterstützung erwarten.

Das königliche Verantwortungs- und Pflichtbewußtsein Friedrichs II. verdrängte schließlich seine wochenlange Niedergeschlagenheit und festigte seine kompromißlose Entschlossenheit, entweder das übermächtige Österreich zu besiegen oder selbst mit dem Staat Preußen zugrundezugehen.[17] Dieser absolute Siegeswille, gepaart mit militärtaktischem Einfallsreichtum, unerschütterlichem Mut, vorbildlicher Pflichtauffassung sowie Glück sollten den drohenden Untergang Preußens verhindern.

Nach einem Nachtmarsch griffen die preußischen Truppen die völlig überraschten Österreicher und Sachsen, die zahlenmäßig weit überlegen waren, im Morgengrauen des 3. Juni 1745 bei Hohenfriedberg erfolgreich an. Durch die Niederlage ließ sich Maria Theresia jedoch nicht entmutigen. Sie bemühte sich weiterhin und mit Erfolg um die Wahl ihres Gatten zum Kaiser. Er wurde am 13. September 1745 von der Mehrheit der deutschen Kurfürsten gegen die Stimmen von Brandenburg-Preußen und der Kurpfalz als Franz I. zum Oberhaupt des Deutschen Reiches gewählt. Gestärkt durch die Kaiserwürde wies das Haus Habsburg die preußischen Friedensangebote zurück. So kam es am 30. September 1745 bei Soor erneut zu einer militärischen Auseinandersetzung. Dabei konnte sich das preußische Heer – angespornt durch das schnelle Eingreifen des Königs – aus einer fast aussichtslosen gegnerischen Umklammerung befreien und die feindlichen Truppen, die etwa doppelt so stark waren, in die Flucht schlagen.

Der dritte Sieg über die Verbündeten folgte am 17. Dezember 1745 bei Kesselsdorf nahe der Kursächsischen Residenzstadt Dresden. Bereits am ersten Weihnachtsfeiertag konnte der Friedensvertrag mit Österreich und Sachsen unterzeichnet werden, weil Friedrich II. äußerst zurückhaltend agierte. Er verzichtete auf jeglichen Landgewinn in Böhmen und in Sachsen. Die Habsburger bestätigten abermals wie 1742 in Breslau den preußischen Besitz Schlesiens und das sächsische Kurfürstenhaus zahlte ohne Zögern die geforderte und vereinbarte Kriegsentschädigung von einer Million Reichstalern. Als Gegenleistung wurde Franz I. als römisch-deutscher Kaiser vom Preußenkönig offiziell anerkannt. Begeistert begrüßte die Bevölkerung Berlins den Sieger des Zweiten Schlesischen Krieges am 28. Dezember 1745. Bei der Jubelfeier hörte man erstmals den seit der Antike geschichtsträchtigen Beinamen Magnus, der Große.[18]

Der Dresdener Weihnachtsvertrag leitete ein für Preußen allseits ersehntes Friedensjahrzehnt ein. Jetzt, im siebten Jahr seiner Regierung, konnte der dritte Preußenkönig ungestört von außenpolitischen Belastungen die notwendigen Verwaltungsreformen und den inneren Ausbau des Landes beginnen.

Vergleichen wir unter Berücksichtigung unserer historischen Skizze die beiden königlichen Kuren von 1744 und 1746, so waren die besseren Voraussetzungen für einen erholsamen Kuraufenthalt in den Mai- und Juniwochen 1746 eher gegeben als zwei Jahre vorher. Dies wird auch in den wenigen zeitgenössischen Berichten aus und über Pyrmont mehr oder weniger deutlich spürbar.

Die „königlichen" Kuraufenthalte 1744 und 1746

Die Entscheidungen, nach Pyrmont zur Kur zu reisen, können weder 1744 noch 1746 kurzfristig gefallen sein. Für solche zahlenmäßig großen Reisegesellschaften waren längerfristige Vorbereitungen unerläßlich. Allein die Quartierbestellungen mußten in Pyrmont rechtzeitig und möglichst vor Ort vorgenommen werden. Zunächst mußte man sich dann über die aktuellen Straßenzustände informieren, um den bequemsten Reiseweg festzulegen. Anschließend wurde der Fahrplan exakt abgestimmt, um an jeder Poststation rechtzeitig genügend ausgeruhte Reit- und Wagenpferde vorzufinden: Auf der Hinfahrt benötigte man auf jeder Poststation 105 sogenannte „Relais-Pferde". So wird es verständlich, wenn diese Reise-Equipage Sr. Maj[estät] des Königs bereits am 17. Mai 1744 in Berlin aufbrach, während Friedrich selbst mit einer zahlreichen Suite erst drei Tage später Berlin verließ.[19] Die umfangreichen Reisevorbereitungen verursachten auch enorme Ausgaben. *„Allein zur Bezahlung des auf der Königlichen Reyse nach Pyrmondt benöthigten Vorspannes sind am 8. Juni 1744 in Pyrmont 2000 Reichstaler vom Geheimen Rat Eichel ausgegeben worden"*.[20] Diese Summe übertraf die gesamten Unterbringungskosten in Pyrmont um mehr als das Dreifache!

Auf der Hinfahrt sorgte der Preußenkönig noch für eine kleine Überraschung. Entgegen der ursprünglichen Aussage des Berliner Hofes, nicht durch hannoversche Lande anzureisen, passierten die Hohenzollern am 22. Mai nachmittags um 16.30 Uhr überraschend die Stadt Hameln. Vor dem Brückentor wurden neue Pferde vorgespannt. Die Pause nutzte Friedrich II. und ließ sich von einem einheimischen Offizier ein Gewehr reichen, das er genau inspizierte, das Schloß ausprobierte und sich nach dem Hersteller erkundigte.[21] So hatte der königliche Feldherr auf geschickte Weise die Waffe eines voraussichtlichen Gegners begutachtet, denn Kurhannover hatte im Fahrwasser Englands ein Bündnis mit Österreich geschlossen.

An der Pyrmonter Grenze am nördlichen Ortsrande von Thal begrüßten die vornehmsten Bediensteten – sicherlich der Drost und Geheimrat von Zerbst, der Amtsrat Schwartz, der Amtmann Wilstach und der Schloßkommandant Rothweil – die preußischen Gäste und begleiten diese bis an *„Dero*

Friedrich Rudolph Graf von Rothenburg (1711–1751), General Leutnant und Mitglied der königlichen „Tafelrunde von Sanssouci", begleitete nur 1746 den König nach Pyrmont.

Quartier, so Sie in dem Hause des Herrn Hofrath Seips" nahmen. Die „Berlinischen Nachrichten von Staats- und gelehrten Sachen" berichtete am Dienstag, dem 2. Juni, weiter: *„Bey der Ankunft Sr. Maj. wurden 24 auf der an Pyrmont liegenden kleinen Fortresse gepflanzte Canonen dreymahl abgefeuert, und die von des Fürsten von Waldeck Hochfürstl. Durchl. einige Tage vorher von Dero Leib-Regimente abgesendete Compagnie Grenadiers besetzte die Posten vor dem Quartier des Königs"*.

Demnach hatte der königliche Kurgast beim waldeckischen Landesherrn eigens eine Wachtruppe für den heutigen „Alten Fritz" in der Brunnenstraße vorzeitig bestellt. Da Fürst Carl August Friedrich auf seinem Pyrmonter Schloß, das vorwiegend als Sommerresidenz diente, keine Leibgarde unterhielt, mußte extra aus der waldeckischen Hauptstadt Arolsen eine Kompagnie anreisen, die das „Königliche" Logierhaus Tag und Nacht – in Schildhäuschen postiert – bewachen sollte. Offenbar war Friedrich II. hocherfreut über seinen Personenschutz, denn er hat an das *„hiesige Comando des Fürsten von Waldeck allergnädigst 50 Ducaten geschenket"*, die der Geheime Kriegsrat Eichel bereits am 26. Mai 1744 ausbezahlte;[22] keine unbeträchtliche Summe, umgerechnet etwa 135 Reichstaler. Zum Vergleich erhielt der Pyrmonter Drost als ranghöchster Beamter ein Jahresgehalt von 100 Reichstalern. Doch nicht die Höhe der königlichen Schenkung ist erstaunlich, sondern die Tatsache, daß ein Gast in einem Kurort durch eine angeforderte Leibgarde geschützt wurde. Meines Wissens gibt es in der Geschichte der deutschen Bäder und ihrer Kurgäste vom 17. bis ins 20. Jahrhundert keinen vergleichbaren Fall.

Der Schutzwall von bewaffneten Soldaten in Schildhäuschen vor dem königlichen Quartier charakterisiert am sichtbarsten das Verhalten des Preußenkönigs während seines ersten Kuraufenthaltes in Pyrmont: das fast völlige Abkapseln und der Rückzug aus der Öffentlichkeit.

Dies schildert uns am treffendsten Graf Carl August von Lippe-Biesterfeld, der vergeblich versucht hatte, über Kontakte zum Brunnenarzt Dr. Seip und zu mehreren einflußreichen Hofbeamten eine Audienz bei Friedrich II. zu erhalten. Sogar seine Leute äußerten sich darüber verwundert, daß Ihre Majestät eine um vieles stärkere Abneigung als sonst zeigte, Fremde zu sehen. Die Diskrepanz zwischen dieser abweisenden und unpersönlichen Atmosphäre in der Umgebung des aufgeklärten Philosophen-Königs und der sonstigen ungezwungenen, heiteren und die Standesgrenzen überwindenden Pyrmonter Kurgesellschaft – wie sie uns der Dichter Christoph Friedrich Wedekind (1709–1777) in seinem 1744 anonym erschienenen Gedicht „Der Brunnengast" schilderte – müßte eigentlich jedem Zeitgenossen in gravierender Weise aufgefallen sein.

Mit der eigentlichen Brunnenkur begann der Hohenzollernregent gleich am Morgen nach seiner abendlichen Ankunft. *„Er kam (...) ganz früh ohne alle Begleitung zu dem hiesigen Brunnen = Medico Seip und fing das Brunnentrinken im Garten an. In den nächsten Wochen ging er zwar beständig und manchen Tag zu drei Malen in die Allee, trank bei der Quelle, jedoch allemal früher als andere und sobald der Brunnen seinen Effect thun wollte, eilte der König nach seinem Quartier. Er trank alsdann die übrige Brunnenportion in seinem Quartier, ließ (...) darauf die Geheimen Räthe Eichel und Müller zu sich kommen."*[23]

Zu Mittag wurde regelmäßig zwischen 12 und 13 Uhr und zu Abend zwischen 19 und 20 Uhr gespeist, und zwar jeweils nach einer festen Sitzordnung an zwei Tafeln. An der größeren nahmen Ihre Königliche Majestät und zwölf namhafte politische Freunde bzw. Berater Platz, an der kleineren saßen die beiden Verwaltungsbeamten Eichel und Müller, der Geheime Kämmerer Fredersdorf, der Generalstabs-Medicus Dr. Lesser und die drei mitgereisten Virtuosen, mit denen Friedrich II. am Abend noch eine Stunde lang unter strikter Aussperrung von Zuhörern musizierte. Es wurden ganz ordinaire Essen ohne Dessert gereicht, offenbar weil sich der Küchenchef an dem ärztlichen Diätplan orientierte.[24]

Abgesehen von gelegentlichen Spaziergängen, kleinen Ausritten und Ausflügen – etwa nach Lügde – beschäftigte sich der König in der restlichen Zeit des Tages fast ausschließlich mit politischen und diplomatischen Angelegenheiten. Im Erdgeschoß des heutigen „Alten Fritz" war extra eine Kanzlei für die beiden Geheimräte Eichel und Müller eingerichtet worden, die täglich vor- und nachmittags ganze Stunden bei Sr. Maj[estät] referieren mußten. Zahlreiche Gesandte und Kuriere sind tagsüber, aber vor allem nachts, gesichtet worden. In einem Brief vom 6. Juni berichtet der hannoversche Spion seinem Auftraggeber, dem englischen König Georg II., über Beobachtungen des letzten Tages: *„Es sind der Couriers oder sogenannter Feldjäger zehn bemerkt worden, welche ab- und zureisen. Niemals darf der Postillon blasen, und die meisten Couriers treten erst bei dem Geh. Rath Eichel ab."*[25] Diese Angabe ergänzt der geheime Berichterstatter einen Tag später: *„Gedachter Eichel ist derjenige, der allhier in secretis* [= in Geheimsachen] *alles allein expedieren müssen (...) Jener war vorgestern (...) noch des Nachts bis nach 12 Uhr beim König, und soll er öfter nach Mitternacht noch gerufen werden. Bei diesem Tag- und Nachtstress ist es nicht verwunderlich, wenn der geheime Rat Eichel, welcher gern die Brunnenkur gebraucht hätte, wegen vieler Arbeit darauf verzichten mußte."*[26]

Der englische König Georg II. hatte bereits am 1. Mai 1744, nachdem er über die beabsichtigte Pyrmont-Kur seines Berliner Neffen informiert worden war, seine kurfürstlichen Geheimräte in Hannover angewiesen, eine zuverlässige, vertraute Person mit der Anweisung nach Pyrmont zu schicken, *„auf alle des Königs von Preußen Demarches* [= diplomatische Aktivitäten] *genaue Acht zu haben und davon fleißig zu berichten"*.[27] Für diesen Geheimauftrag wurde zunächst der Oberschenk Georg Ernst Freiherr von Wedel ausgewählt, der beim kurfürstlichen Oberhofmarschall in Hannover diente. Am zweiten Tag nach der Ankunft des königlichen Kurgastes aus Berlin, also am Sonntag, dem 24. Mai, verfaßte von Wedel seinen ersten Bericht, dem drei weitere bis einschließlich 31. Mai folgten. Dann wurde der hannoversche Oberschenk abgelöst und durch den Sekretär Unger aus der Geheimen Kanzlei in Hannover ersetzt, der seine ersten Beobachtungen in Pyrmont am Dienstag, den 2. Juni, niederschrieb. Der plötzliche Personalwechsel in der heiklen Mission wurde offiziell nicht begründet, doch verwandtschaftliche Verbindungen bringen Licht in das Dunkel. Der Sekretär Johann Wilhelm Unger hatte am 19. Februar 1733 in Hannover Dorothea Luise Seip, die älteste Tochter des Pyrmonter Brunnenarztes, geheiratet.[28] Als Schwiegersohn des Gastgebers und behandelnden Arztes hatte Unger zweifelsfrei einen leichteren Zugang zu wichtigen Informationen über den preußischen Monarchen und dessen Pyrmonter Umfeld. Bei der geschilderten Abblockungs- und Geheimhaltungspraxis des dritten Preußenkönigs stand der Oberschenk von Wedel auf einem aussichtslosen Posten. Ja selbst dem Nachfolger Unger gelang

Die Bassinallee (Hylligenborn-Allee) war ein beliebter Weg, der vom Brunnenhaus (hier im Hintergrund) in die freie Landschaft überleitet. Kolorierter Kupferstich, 2. Hälfte 18. Jahrhundert.

es trotz der unmittelbaren Kontakte nicht, nur die Namen der zahlreichen kaiserlichen, französischen und sonstigen Kuriere in Erfahrung zu bringen, geschweige denn ihre Botschaften bzw. Mitteilungen zu eruieren. Obwohl also auch der Schwiegersohn des Pyrmonter Brunnenarztes keine wichtigen diplomatischen Vorgänge in Pyrmont aufhellen konnte, war man offenbar in Hannover und London mit seiner Auftragsarbeit zufrieden, denn er wurde beim zweiten Kuraufenthalt Friedrichs des Großen erneut in geheimer Mission nach Pyrmont beordert.

Wenige Tage vor Beendigung der Kur unterrichtete der waldeckische Amtsarzt Dr. Seip am 5. Juni 1744 seine vorgesetzte Dienststelle in Arolsen kurz und bündig: *„S. Kgl. Majestät der König von Preußen haben heute 14 Tage getruncen und 6 mahl gebadet, finden sich gottlob wol und recht vergnügt, bleiben noch bis den 9. Jun. nachmittags, da Sie geraden Wegs auf Potsdam wieder abreisen werden."*[29] Die erwähnten Bäder hatte Friedrich II. im Badehaus genommen und deshalb *„der dortigen Einheizefrau (...) 2 Dukaten Trinkgeld* gegeben".[30] Auch der Brunnenarzt Seip erhielt abschließend für seine ärztlichen Bemühungen und Ratschläge ein Honorar von 50 Dukaten, zusätzlich vier Dukaten für die verabreichten Medikamente.[31] Sicherlich ein aufrichtiges Dankeschön, da sich der König über den sichtbaren Erfolg der ersten Pyrmonter Kur sehr zufrieden äußerte. In der Tat hatte der Hohenzollernregent während seiner knapp dreiwöchigen Kur keine erwähnenswerten gesundheitlichen Beschwerden gehabt, obwohl er die ganze Zeit unter einer starken nervlichen und arbeitsstressigen Anspannung stand. Als er zwei Jahre später unter wesentlich entspannteren Bedingungen und in einer lockeren Atmosphäre die Brunnenkur in Pyrmont wiederholte, war das gesundheitliche Befinden des königlichen Gastes ohne Zweifel schlechter als in den Mai- und Juniwochen des Jahres 1744.

Merkwürdigerweise und im Gegensatz zur heutigen Gepflogenheit hat der Berliner Zahlmeister die Kosten für die Pyrmonter Unterkünfte im voraus beglichen, wie auch der englische Berichterstatter beiläufig erwähnte. Bereits am 23. Mai 1744 – also schon am ersten Kurtag – hat man folgende Specification aufgelistet:

„Waß die Quartiere alhier in Pyrmond, nach der regulirten Taxe, so wohl vor Eure Königl. Majestätt als auch vor der Suite, auf das aller genaueste kosten werden:

Vor Eure Königl. Majestätt das Quartier nebst Stallung und Remisen [= Unterstellräume für Wagen], *imgleichen Betten vor die Domestiquen, wöchentlich* *148 Rthl. 20 Gro.*

Vor die sämtliche Suite [= Königliches Gefolge] *wöchentlich* *66 Rthl. 2 Gro.*

Dieses machet vom 22. May biß d[en] 10. Juny inclusive *644 Rthl. 18 Gro."*

Ob es zu einer Rückzahlung de facto gekommen ist, weil die Berliner Hofgesellschaft schon einen Tag früher – nämlich am 9. Juni – Pyrmont verließ, wird nicht vermerkt. Der obige Betrag von 644 Reichstalern und 18 Groschen wurde am 23. Mai 1744 von dem Herrn Geheimbten Krieges Rath Eichel gegen Quittung ausbezahlt.[32] Man könnte daraus schließen, daß der Pyrmonter Kuraufenthalt des preußischen Königs Friedrich II. aus der Kriegskasse finanziert wurde. Die spärlichen Akten überliefern nichts Gegenteiliges.

Eine zweite, nicht vorhersehbare Ausgabe überraschte den Geheimrat Eichel erst später in Pyrmont. Nach gut einer Woche mußten die Kutscher, Reitknechte und Vorreiter die unerfreuliche Erfahrung machen, daß ihr Berliner Tariflohn an diesem *„Theuren Ohrt nicht zureichent ist"*, davon zu leben. Sozusagen um nicht zu verhungern, bitten sie am 1. Juni untertänigst Ihre königliche Majestät, das *„uns Sämptlich etwas Zulage gereichet werden möge"*.[33] Diesem Bittgesuch entsprach der König umgehend und genehmigte eine spezielle Pyrmont-Zulage von 44 Reichstalern, und zwar insgesamt für acht Personen: Den Kutscher, zwei Reitknechte und fünf Vorreiter.[36] Offenbar allseits zufrieden, reiste Friedrich II. mit seiner zahlreichen Begleitung am Dienstag, den 9. Juni, mittags gegen 11.30 Uhr unter standesgemäßen Salutschüssen aus Pyrmont ab.

Der zweite Kuraufenthalt des preußischen Königs im Jahre 1746 war ein Spiegelbild von 1744, da man die organisatorischen und zeitlichen Rahmenbedingungen fast unverändert übernommen hatte. Nach dreitägiger reiner Fahrtzeit kam der preußische Monarch am Dienstag, dem 17. Mai 1746, in Pyrmont an, wo er dann 21 Tage (1744: 17 Tage) verweilte, um anschließend am Mittwoch, dem 8. Juni, die Rückreise nach Potsdam anzutreten. Ebenso wiederholte sich das Empfangs- und Begleitzeremoniell ab der Pyrmonter Landesgrenze, nur mit einem kleinen, aber doch aussagekräftigen Unterschied. Die Fürstlich Waldeckische Grenadier-Garde[35] entpuppte sich nicht wieder als ständige Wachtruppe wie zwei Jahre vorher, sondern spielte lediglich musikalisch zur Begrüßung der „hohen Gäste" auf. So blieb der königliche Kurgast während seines dreiwöchigen Aufenthaltes ohne fürstlich-waldeckischen Personenschutz.

Auch das königliche Begleit-Gefolge umfaßte nach den Zeitungsberichten wiederum 60 Personen; darunter finden wir nur wenige „Neulinge" bzw. Pyrmonter Erstbesucher, wie etwa Prinz Heinrich, den jüngeren Bruder des Königs, den Generalfeldmarschall Herzog von Holstein-Beck, den Grafen von Rothenburg oder General de la Motte-Fouqué. Diese Namen und die anderer bedeutender Persönlichkeiten des Berliner Hofes können wir nachlesen in der „Specification Der angekommenen Brunnen-Gäste und Fremden, So An[no] 1746 vom 17. May bis den 3. Jun. inclus. bey dem berühmten Gesund-Brunnen zu Pyrmont sich eingefunden". Diese Pyrmonter Kurlisten, die auf gräfliche Anordnung seit der Kursaison 1702 zunächst vom Oberamtmann, später vom Brunnenkommissar geführt werden mußten[36], wurden spätestens seit 1735 auch in gedruckter Form in Pyrmont angeboten, und zwar mit großem Erfolg.

Dank dieser bibliophilen Rarität von 1746 wissen wir exakt, daß sich der uns bekannte Spion Hr. Geh. Secret. Unger, mit Fr. Secretarien aus Hannover[37] am 29. Mai beim Pyrmonter Brunnenkommissar offiziell als Kurgast angemeldet

SPECIFICATION
Der angekommenen
Brunnen-Gäste
und Fremden,
So
An. 1746. vom 17. Maj. biß den 3. Jun. inclus.
bey dem berühmten
Gesund-Brunnen zu Pyrmont
sich eingefunden.

LEMGO,
Gedruckt bey Johann Heinrich Meyer, 1746.

Regelmäßig erschienen während der Saison gedruckte Kurlisten, die jeden neuen Gast bekanntmachten.

hat. Demnach traf der welfische Berichterstatter aus der hannoverschen Hofkanzlei in Begleitung seiner Gemahlin, der Tochter des Brunnenarztes Seip, erst in Pyrmont ein, als Friedrich II. bereits elf Tage seiner Kur, also mehr als die Hälfte, absolviert hatte. Im selben Zeitraum war zwei Jahre früher der erste britische Geheimagent von Wedel schon abberufen und durch den Schwiegersohn des königlichen Gastgebers Seip ersetzt worden. Dieses unterschiedliche Verhalten spiegelt die geringe diplomatisch-politische Bedeutung wieder, die sicherlich nicht nur der englische Monarch Georg II. dem zweiten Pyrmonter Kuraufenthalt beigemessen hat.

Trotz dieser enormen Verspätung konnte Geheimrat Unger noch über die beiden auffälligsten Ereignisse nach Hannover und London berichten: Die Besuche des Herzogs Karl von Braunschweig-Wolfenbüttel sowie des Prinzen und Statthalters Wilhelm VIII. von Hessen-Kassel. Dieser wohnte mit einer großen Suite seit Dienstag, dem 31. Mai, im späteren Hotel zur Krone, Ecke Altenau-/Brunnenstraße. Wilhelm, der jüngere Bruder des schwedischen Königs Friedrich I., blieb elf Tage zur Kur, bevor er am 9. Juni wieder gen Kassel abreiste. Herzog Karl quartierte sich am Donnerstag, dem 2. Juni, im Noltingischen Gästehaus ein, das in der Brunnenstraße neben dem „Alten Fritz" lag. Er kehrte bereits am dritten Tag in seine Residenzstadt Wolfenbüttel zurück, weil er seine hochschwangere Gemahlin nicht länger allein lassen wollte. Schon am Ankunftstag speiste der Wolfenbütteler Regent zusammen mit Wilhelm VIII. von Hessen-Kassel bei seinem Nachbarn, dem preußischen König, und zwar sowohl zu Mittag wie am Abend. Hier lud der hessische Kurgast die Anwesenden wiederum zur mittäglichen Tafel am nächsten Tag in seinem Quartier, dem späteren Hotel zur Krone, ein.

Für solche Besuche, die nach dem umfangreichen barocken Hofzeremoniell aufwendig vorbereitet und begleitet werden mußten, hatte Friedrich der Große in den Mai- und Juniwochen 1744 einfach keine Zeit und Muße, da damals den diplomatisch-politischen Bemühungen und Verhandlungen uneingeschränkte Priorität eingeräumt wurde. Die beiden Regenten aus Kassel und Wolfenbüttel wollten nämlich bereits während der ersten Pyrmonter Kur dem königlichen Brunnengast aus Berlin ihre Aufwartung machen, *„doch die preußische Majestät haben alle Zusprache und Praesentiren von Fremden vermieden, auch die Ansprachen von Cassel und Wolfenbüttel decliniret"*, wie Brunnenarzt Dr. Seip die Ablehnung der beiden Besuche in Pyrmont umschrieb.[38]

Nach den Zeitungsberichten ist es unsicher, ob der Preußenkönig am ersten oder zweiten Kurtag – also am 18. oder 19. Mai – mit dem Brunnentrinken begonnen hat, das er jedoch bald wieder wegen eines Fiebers einstellte. Nachdem er einige Tage fieberfrei blieb, hat er erneut angefangen, das Pyrmonter Heilwasser jetzt nach ärztlicher Anweisung zu trinken. Der tags zuvor eingetroffene Geheimrat Unger meldet am 30. Mai nach Hannover: *„Weil Sie am Fuß noch incommodiret sind, haben Sie sich gestern und heute zu Pferd in die Allee beim Brunnenhaus begeben, auch auf dem Pferde sitzen bleibend den Brunnen getrunken, obwohl dieses bisher hier nicht üblich und Privatis in der Allee herumzureiten nicht erlaubt"*[39] ist. Fünf Tage später konkretisierte der Seipsche Schwiegersohn seine bisherigen Beobachtungen noch: *„Da beim gestrigen Gastmahl im Quartier des hessischen Prinzen Wilhelm ziemlich stark getrunken worden, so fanden sich bei Sr. Maj. wiederum einige podagrische Regungen ein, und trunken Dieselbe heute den Brunnen wiederum zu Pferde, blieben auch nicht lange in der Allee."*[40] Diese sicherlich schwiegerväterliche Diagnose bestätigt am selben Tag, dem 4. Juni, der König selbst in einem Brief an seinen jüngeren Bruder August Wilhelm, dem er mitteilt, daß er nach seiner Meinung in Pyrmont zum ersten Mal unter einem Gichtanfall gelitten habe: *„Ich habe die Gicht gehabt; und dies ist sicher, daß ich noch jetzt einen geschwollenen Fuß habe. Das ist vorzeitig, (...), aber es ist wahr."*[41] Der 34jährige Monarch wußte zweifellos von der Erbkrankheit der Hohenzollern, die spätestens beim Großen Kurfürsten (1620–1688) häufiger und sichtbar aufgetreten war. Übrigens hatte auch der Urgroßvater während des berühmten Pyrmonter Fürstensommers von 1681 einen intensiven und schmerzhaften Gichtanfall, der eine Woche anhielt.[42] Die Gichtbeschwerden ließen beim Preußenkönig offenbar gegen Ende der Kur nach, denn am Mittwoch, dem 8. Juni, konnte er zu Fuß zum mittäglichen Abschiedsessen beim hessischen Prinzen Wilhelm VIII. gehen.

17 Maj. Ihro Königl. Majestät von Preussen,
und
Ihro Königl. Hoheiten Prinß Heinrich, nebst
Ihro Durchl. Herr General-Feld-Marschall, Hertzog von Holstein-Beck, auch
Der Herr General Lieutenant, Graf von Rothenburg
Der Herr General von Borck
Herr General-Major von Goltz
Herr Obriste von Meyering
Herr Obrist-Lieutenant von Ingersleben
Herr General de Fouquet
Herr Obriste von Bodenbruck
Herr Capitain von Lingerfeld
Herr Capitain von Lehwald
Herr Cammer-Herr Baron von Pöllnitz
Herr Geh. Kriegs- und Cabinets-Rath Eichel
Herr Geh. Kriegs- und Cabinets-Rath Müller
Herr Geh. Rath d' Arget
Herr Geh. Cabinets-Secretarius Köper
Herr Kriegs-Rath Schultz
Herr Hof-Raht Lesser
Summa latus 19.
aus Berlin.
Herr

Auszug aus der Kurliste, die 1746 die Reisegesellschaft des Königs vorstellt.

Trotz dieser längeren gesundheitlichen Beschwerden zeigte sich Friedrich II. während seiner zweiten Kur in seinem ganzen Verhalten so locker und umgänglich, *„daß keiner unter allen* [Kurgästen] *ist, welcher nicht durch die Königliche Leutseligkeit des Preußischen Monarchens ganz ungemein gerühret wird"* – wie der Hamburger „Unabhängige Korrespondent" vom 8. Juni 1746 seine Leser unterrichtete. Die politisch-herrschaftlichen Regierungsaktivitäten beschränkten sich diesmal auf einige Kuriermelder, die mehrenteils nach Berlin und wenige nach Cassel abreisten.[43]

Als der Berliner Hof am Donnerstag, dem 9. Juni, morgens zwischen 3 und 4 Uhr abreiste, ließ Friedrich der Große seinem Gastgeber und ärztlichen Berater Dr. Seip ausrichten, daß ihm die Landkarten geschenkt sein sollen, welche S. Maj. im Dero Zimmer mit Stecknadeln an die Tapeten heften lassen.[44] Seips Schwiegersohn Unger listete insgesamt neun großformatige Landkarten auf. Sieben davon zeigten westeuropäische Regionen von Luxemburg bis Holland, die restlichen zwei das hannoversche sowie das braunschweigische Herrschaftsgebiet.[45]

Geheimrat Unger aus Hannover berichtet beiläufig, daß man allgemein die Ausgaben in Pyrmont sehr genau überprüft habe und selbst der König soll sich mancher finanziellen Details angenommen haben. So wurde z. B. für die königliche Tafel ein fester Preis ausgehandelt bzw. vereinbart. Wenn jedoch etwas Zusätzliches gewünscht und serviert worden war, mußte dies spätestens am nächsten Tag ordnungsgemäß in Rechnung gestellt werden – widrigenfalls es nicht vergütet[46] wurde. Erstaunlicherweise ist von dieser korrekten Abrechnungspraxis kein einziger Beleg erhalten geblieben. Auch ansonsten bietet die Überlieferung eine tabula rasa. Über den zweiten Kuraufenthalt Friedrichs des Großen ist keine haushalts- oder verwaltungsrechtlich relevante Unterlage aufzufinden. Das Gleiche gilt für die Besuche des Herzogs Karl von Braunschweig-Wolfenbüttel und des Statthalters Wilhelm VIII. von Hessen-Kassel. Deshalb sollten wir heute froh und dankbar sein, daß der englische König Georg II. und gleichzeitige Kurfürst von Hannover geheime Berichterstatter nach Pyrmont geschickt hat.

Die Ausstellung steht unter dem Motto „König Friedrich II. von Preußen. Zwischen Pflicht und Neigung". Diese Polarität offenbart das unterschiedliche Verhalten des Preußenkönigs während der beiden Kuraufenthalte auf signifikante Weise. Die erste Kur im Jahre 1744 zeigt einen Monarchen, der neben den Kuranwendungen völlig in Anspruch genommen wurde von der Pflicht, dem Wohle des Staates Preußen mit ganzer Kraft zu dienen. Dabei mußten Ablenkung oder gar Zerstreuung bewußt vermieden werden. Während der zweiten Kur lernen wir einen anderen, wesentlich umgänglicheren Regenten kennen, der außer der Kur und gelassener Pflichterfüllung und trotz gesundheitlicher Beeinträchtigung Zeit und Muße für seine persönlichen Neigungen findet.

Anmerkungen:

1 Vgl. dazu Hermann Engel, Der Pyrmonter Fürstensommer von 1681. Eine Studie zu Politik und Diplomatie am Ende des 17. Jahrhunderts, in: Gbll. Waldeck 71 (1983) Seite 115–178.

2 Vgl. zum Kuraufenthalt von Zar Peter dem Großen den Ausstellungskatalog „Zar Peter der Große. Die zweite große Reise nach Westeuropa 1716–1717." Hameln 1999.

3 Vgl. zum Aufenthalt der Königin Luise im Jahre 1806 „Luise. Aufzeichnungen über eine preußische Königin." Begleitheft zur Ausstellung: Königin Luise von Preußen. Schloß Bad Pyrmont 17. 6.–30. 9. 2001.

4 Karl Janicke, Friedrichs des Großen Aufenthalt in Pyrmont in den Jahren 1744 und 1746. In: Zeitschrift des Hist. Vereins für Niedersachsen, Jg. 1874/75, S. 349–367.

5 Jürgen Ziechmann, Geschichtsklitterung um Friedrich II.: Der zweite Aufenthalt Friedrichs in Bad Pyrmont vom 17. Mai–8. Juni in der späteren lokalen Berichterstattung, in: Jürgen Ziechmann, Friedrich der Große und seine Epoche. Ein Handbuch – Band 2, Bremen, Seite 181–192, Zitat S. 192.

6 Ausführliche und zuverlässige familiengeschichtliche Studie von A. Seip von Engelbrecht, die ein Jahr vor Kriegsausbruch in Eisenach erschien. A. Seip von Engelbrecht, Der fürstlich waldeckische Leibmedicus Dr. med. Johann Philipp Seip in Pyrmont und seine Familie, Eisenach 1938. Zu den Studienjahren vgl. bes. S. 21–24.

7 Chronik von Bad Pyrmont von Wilhelm Mehrdorf und Luise Stemler, 2. Aufl., Bad Pyrmont 1985, S. 58.

8 Wie Anm. 6, Zitat S. 33.

9 Ausführlicher dazu Mijndert Bertram, Georg II. König und Kurfürst. Eine Biografie. Göttingen 2003, bes. S. 80 ff.

10 St. A. Marburg, Bestand 118a, Nr. 3326, Brief Seips vom 18.12.1717.

11 Ebda, Brief Seips vom 24. 1. 1725.
12 Zu diesem umfangreichen Bauland-Kauf von 1702 vgl. ausführlicher St. A. Marburg, Bestand 133c, Paket 17.
13 Etwa in der 3. Auflage, Hannover u. Pyrmont 1740, Paragr. 41, S. 30.
14 Wie etwa in der Chronik von Bad Pyrmont, 2. Aufl., Bad Pyrmont 1985, S. 253.
15 Kopie dieser Baugenehmigung vom 22. 2. 1676 für den Amtmann Heinrich Ortgies im Stadtarchiv Bad Pyrmont, Sign.: A I., 4.
16 Zur Besitznahme Ostfrieslands durch Friedrich II. im Mai/Juni 1744 vgl. Wilhelm Havemann, Geschichte des Landes Braunschweig und Lüneburg, 3 Bd., Göttingen 1857, bes. S. 534–536 und Reinhard Oberschelp, Politische Geschichte Niedersachsens 1714–1803. Hildesheim 1983, bes. S. 61.
17 Fast wörtlich Friedrich II. in einem Brief an Podewils vom 17. April 1745. Ausführlicher dazu Thomas Carlyle, Friedrich der Große, gekürzte und zweite Auflage herausgegeben von Karl Linnebach, Berlin 1908, bes. S. 253.
18 Zur äußerst schwierigen Lage Preußens im Jahre 1745 vgl. am ausführlichsten Hermann von Petersdorff, Friedrich der Große. Berlin 1911, bes. S. 138–176.
19 Die Angaben haben wir den „Berlinischen Nachrichten von Staats- und Gelehrten Sachen“ entnommen und zwar vom Dienstag, den 19. Mai und vom Donnerstag, den 21. Mai 1744.
20 GStA PK, BPH Rep. 47, C 2, fol. 5.
21 Vgl. Karl Janicke wie Anm. 4, bes. S. 351.
22 GStA PK, BPH Rep. 47, C2, fol. 3.
23 Karl Janicke, wie Anm. 4, Zitat S. 358.
24 Ebda, S. 358–359.
25 Ebda, S. 356.
26 Ebda, S. 357.
27 Ebda, S. 349–350.
28 Vgl. wie Anm. 6, bes. S. 30 ff. und Stammtafel zur Familie Unger.
29 St. A. Marburg, Best. 118 a, Nr. 3326, Brief Seips vom 05. Juni 1744.
30 Karl Janicke, wie Anm. 4, S. 357.
31 Ebda, S. 357.
32 GStA PK, BPH Rep. 47, C2, fol. 4.
33 Ebda, fol. 1.
34 Ebda, fol. 2.
35 Siehe „Stats- und Gelehrte Zeitung des Hamburgischen unpartheyischen Correspondenten“ Nr. 81 vom 24. 5. 1746, S. 4.
36 St. A. Marburg, Best. 133c , Paket 17.
37 So der wörtliche Eintrag in der Pyrmonter Kurliste von 1746, S. 6.
38 In dem schon erwähnten Brief Seips vom 5. Juni 1744 an die vorgesetzte Behörde in Arolsen, St. A. Marburg, Best. 118 a, Nr. 3326.
39 Karl Janicke wie Anm. 4, Zitat S. 362. Das Reitverbot in der Hauptallee und auf dem Brunnenplatz war durch die vielerorts ausgehängte Brunnenordnung allgemein bekannt.
40 Ebda, Zitat S. 364.
41 Hans-Joachim Neumann, Erbkrankheiten in europäischen Fürstenhäusern. Berlin 1993, Zitat S. 154.
42 Hermann Engel, wie Anm. 1, bes. S. 144 ff.
43 Geheimrat Unger in seinem Bericht vom 30. Mai 1746. Vgl. Karl Janicke, wie Anm. 4, S. 362.
44 Ebda, S. 366.
45 St. A. Hannover, Hann. Des. 92 LVIII., Nr. 3h, fol. 72 r + v.
46 Karl Janicke, wie Anm. 4, Zitat S. 366.

Der Königsberg

„Auf dem Königsberge bey Pyrmont
den 5ten August 1785.
Vom preußischen Grenadier.

Was einst auf dir, du Berg!
mein großer Friedrich dachte
Das alles hat er nun beynahe schon
gethan!
Sein liebster Berg warst du!
Auf dir stand er, und machte,
Zu seinem Leben seinen Plan!

In sein gelobtes Land sah Moses,
Gottes Seher,
Bey hellem Frühlings-Sonnenschein;
Mein großer Friedrich stand bey Gott
in Gnaden höher,
Er sah in seines auch,
und gieng, und kam hinein."

(Johann Wilhelm Ludwig Gleim, 1719–1803)[1]

place ou le grand frederick . roy de prusse prenoi
gberg . quant le prince vint prendre les eaux de
iet de linvasion de la silesie . quil executa conse
t les coteaux qui environnent le charmant valon

Rainer Falk

Wallfahrten zum Königsberg

Der Aufklärer Friedrich Nicolai und das Pyrmonter Denkmal für Friedrich den Großen

Das Friedrich-Denkmal am Königsberg. Aquarell eines französischen Kurgastes, 1795

Keine Stadt ist so klein, daß es ihr an Sehenswürdigkeiten mangelte. Im Falle Pyrmonts bieten sich dem Reisenden die Einrichtungen des traditionsreichen Kurbads rund um den Kuppelbau des „Hylligen Borns" sowie die aufwendig restaurierte Festungs- und Schloßanlage, die das stadtgeschichtliche Museum beherbergt, an. Wer sich nach dem anderthalbstündigen Rundgang, der zur Besichtigung dieser Attraktionen nötig ist, über Hauptallee und Brunnenstraße in das früher selbständige und heute eingemeindete Oesdorf verirren sollte, hat allerdings gute Chancen, ein selbst dem Einheimischen unbekanntes Denkmal zu entdecken. Folgt er nämlich der steil ansteigenden Oesbergstraße mit ihren schmucken Einfamilienhäuschen und hält auf die vor ihm liegende Erhebung zu, stößt er irgendwann auf ein paar Stufen, die ihn zu einem durch vier Buchen abgesteckten Platz führen. Auf gemauertem Fundament und Sockel ruht dort ein anderthalb Meter hoher Kalksteinblock, der von einer abgeflachten Pyramide bekrönt ist. Unweigerlich historisch gestimmt, macht sich der Reisende auf die Suche nach einer Inschrift. Unweigerlich findet er sie:

FRIDERICUS MAGNUS
fonte salutifero
vires restauraturus
hoc secessu
gaudebat.

Für Reisende ohne humanistische Schulbildung steht auf der Rückseite des Quaders die Übersetzung, ergänzt um zwei Jahreszahlen:

Als Friedrich der Grosse
durch unsere heilsame Quelle
seine Kräfte herstellen wollte
weilte er gern an diesem
einsamen Orte.
1744. 1746.

Gut möglich, daß den Reisenden jetzt eine Ahnung beschleicht, warum der Ort, an dem er sich befindet, in seinem Stadtplan als Königsberg vermerkt ist.

Wer mehr über seinen Fund wissen möchte und die handelsüblichen Reiseführer zur Hand nimmt, sieht sich enttäuscht. Selbst der Griff zu so umfassenden Standardwerken wie dem „Handbuch der Deutschen Kunstdenkmäler" oder dem amtlichen Verzeichnis der „Kunstdenkmäler des Landes Niedersachsen" hilft nicht weiter.[2] Erst in der Pyrmont-Literatur des späten 18. und frühen 19. Jahrhunderts, Stadtführern und Reisebeschreibungen, wird man fündig. Hier sind die Erwähnungen zahlreich; ein Spaziergang zum Königsberg gehörte seinerzeit zum Pflichtprogramm eines jeden Pyrmont-Aufenthalts.

Diesen Spaziergang unternahm beispielsweise im Sommer 1787 ein *„kleine[r] Zirkel von schätzbaren Männern und geistreichen Frauenzimmern"*, angeführt vom Berliner Verleger, Buchhändler und Schriftsteller Friedrich Nicolai (1733–1811), der davon in der Vorrede zu seiner im darauffolgenden Jahr erschienenen Sammlung „Anekdoten von König Friedrich II. von Preussen" berichtet:[3]

„Wir wallfahrteten an einem heitern Nachmittage zum Königsberge, der seinen Namen durch den Aufenthalt Friedrichs des Großen im Jahre 1744 in Pyrmont erhielt, weil Er an einem Orte am Fuße dieses Berges sehr oft zu sitzen pflegte. An diesem den Bewohnern und Besuchern Pyrmonts immer noch heiligen Orte, von welchem man in ein anmuthiges von der friedlichen Emmer durchschlängeltes Thal herabsieht, wird der jetztregierende Fürst von Waldeck dem großen Könige ein Monument errichten lassen."

Der Plan eines solchen Denkmals scheint über längere Zeit bestanden zu haben; erwähnt wird er bereits in der 1784 veröffentlichten „Beschreibung von Pyrmont" des Kurarztes Henrich Matthias Marcard.[4] Nicolais „Anekdoten" erlauben es, auch den Zeitraum einzugrenzen, in dem aus dem Plan Wirklichkeit wurde, denn in der „zweyte[n] verbesserte[n] Auflage" von 1790 endet die zitierte Passage „... hat nachher *der jetztregierende Fürst von Waldeck dem großen Könige ein Monument,* mit einer lateinischen Inschrift von Ramler, *errichten lassen"*. Das kann folglich nur 1788 oder 1789 geschehen sein. Bei dem Fürsten, von dem die Rede ist, handelt es sich um Friedrich Carl August Fürst von Waldeck, Graf von Pyrmont (1743–1812), der ab 1766 regierte, und beim Verfasser der Inschrift um den Schriftsteller Karl Wilhelm Ramler (1725–1798), der von 1748 bis 1790 als Philosophielehrer an der von Friedrich dem Großen eingerichteten Kadettenschule in Berlin tätig war.

Was mag den Fürsten eines der kleinsten Staaten im Heiligen Römischen Reich bewogen haben, dem König der größten deutschen Territorialmacht ein Denkmal zu errichten? Die Bemühungen des Waldeckers dürften weniger dem Feldherrn und Machtpolitiker gegolten haben, auch wenn der genannte Marcard in Umlauf brachte, daß der Preußenkönig just am Fuße des später nach ihm benannten Berges *„den Plan zu dem kurz nachher angefangenen glorreichen Schlesischen Kriege entworfen haben soll"* – dem Krieg gegen das Österreich Maria Theresias in den Jahren 1744 und 1745. Vielmehr dürfte es die Absicht Fürst Friedrichs gewesen sein, in seinem berühmteren Namensvetter den Repräsentanten einer Idee zu ehren – der Idee der Aufklärung, des *„Ausgang[s] des Menschen aus seiner selbstverschuldeten Unmündigkeit"*, um einmal mehr die Definition Immanuel Kants anzuführen. Schon der Königsberger Philosoph nannte das Zeitalter der Vernunft nach seinem Landesherrn *„das Jahrhundert Friederichs"*.[5]

In ihrer Bewunderung für den aufgeklärten Monarchen stimmten der Adelige Friedrich von Waldeck und der Bürger Friedrich Nicolai überein. In der zitierten Vorrede zu seinen zwei Jahre nach dem Tod des Königs erschienenen „Anekdoten" erinnert sich letzterer:[6]

„In Friedrichs des Großen Regierung fielen die glücklichen Jahre meiner Jugend und die Blüthe meines männlichen Alters. Was ich an Bildung des Geistes und an Weltkenntniß besitzen mag, erhielt ich in dieser Zeit durch den Einfluß der frey-

müthigen unbefangenen Denkungsart, welche dieser große König begünstigte, und die sich hauptsächlich von Seinen Landen aus, (nachdem diese lange wegen eben dieser wohlthätigen Freymüthigkeit von Kurzsichtigen waren übel beschrieen gewesen,) in das übrige Deutschland ausbreitete, wo ihr seitdem so herrliche Früchte zu danken sind."

Das Lob vergangener Zeiten ist oft eine Kritik der gegenwärtigen. Wenn Nicolai hier zwei Jahre nach dem Tod Friedrichs des Großen die Freiheit rühmt, die dieser seinen Untertanen gewährt habe, so meint er damit nicht nur die religiöse Toleranz des Königs, in dessen Staat bekanntlich jeder nach seiner Fasson selig werden durfte. Nicolai hebt auch auf die Pressefreiheit ab, die unter Friedrichs Neffen und Nachfolger Friedrich Wilhelm II. massiv eingeschränkt wurde.

Die verschärfte Zensur in Preußen bedeutete einen schweren Schlag für Verleger und Buchhändler wie Nicolai, der nach dem Tod des Vaters und des älteren Bruders seit 1758 die Nicolaische Verlagsbuchhandlung leitete. Das Kernstück seines Verlagsprogramms bildeten literaturkritische Zeitschriften: zunächst die zusammen mit den Freunden Gotthold Ephraim Lessing und Moses Mendelssohn herausgegebenen „Briefe, die neueste Litteratur betreffend", ab 1765 dann die im Alleingang besorgte „Allgemeine deutsche Bibliothek", in der sämtliche Neuerscheinungen auf dem deutschen Buchmarkt rezensiert werden sollten – ein bereits zu Nicolais Zeiten vermessenes Unterfangen, zumal der Aufbau und die Organisation ja über die „reitende" und „fahrende" Post abgewickelt werden mußten. Daraus ergab sich ein Arbeitspensum, das Nicolai selbst wie folgt beschreibt:[7]

„Stellen Sie sich einen Menschen vor der täglich die Direktionsgeschäfte dreyer Buchhandlungen (in Berlin, Stettin und Danzig) mit allen Unannehmlichkeiten und Sorgen die sie mit sich führen treibt, der jährlich 2 Leipziger Messen und zuweilen die Danziger Messe 8 Wochen lang besuchen muß, der jährlich etwan 400 die [Allgemeine] deutsche Bibliothek betreffende Briefe schreibt und unterschreibt ohne andere Korrespondenzen."

Nicht zu vergessen die Arbeit an den eigenen Büchern, denn der fleißigste und erfolgreichste Autor seines Verlages war Nicolai selbst. Mit seinen vielfältigen Tätigkeiten darf Friedrich Nicolai als ein herausragender Vertreter der bür-

Blick auf das Pyrmonter Tal, darüber links das Wappen der Fürsten zu Waldeck-Pyrmont, in der Mitte eine Allegorie auf die Pyrmonter Quellen. Die kahle Stelle auf dem Berg am rechten Bildrand bezeichnet den „Oesberg", auf dem sich Friedrich gerne aufhielt. Sie wurde später in „Königsberg" umbenannt. Kolorierter Kupferstich, 1738.

gerlichen Emanzipation gelten, die das Zeitalter der Aufklärung brachte. Derart groß war sein Einfluß, daß noch Heinrich Heine vom *„Berlin, wo Friedrich der Große und der Buchhändler Nicolai regierten“*, schreiben konnte.[8]

So ist es kein Zufall, daß auch zwischen Berlin und Arolsen Briefe hin- und hergingen. Zunächst war es der Buchhändler Nicolai, an den man sich aus der Residenz des Fürsten von Waldeck-Pyrmont wandte. Das kann aus einem Schreiben vom 30. Juli 1771 geschlossen werden, in dem sich Nicolai bei Georg August Frensdorff, dem Fürstlich Waldeckischen Geheimen Sekretär, für eine verspätete Büchersendung überschwenglich entschuldigt.[9]

Mit bürgerlichem Selbstbewußtsein verträgt sich das schlecht. Aber schon aus wirtschaftlichen Erwägungen mußte Nicolai an einem guten Verhältnis zur solventen Käuferschicht des Adels gelegen sein. Zwei Großaufträge der russischen Kaiserin Katharina II. in den Jahren 1783 und 1784 waren denn auch *„unter allen Handlungsgeschäften, die Nicolai gemacht hat, die einträglichsten“*, wie einer seiner Biographen zu berichten weiß.[10] Im Falle des Fürsten von Waldeck-Pyrmont – dies vorweg – ging Nicolais Rechnung nicht auf. Das war 1771 freilich nicht abzusehen, und Nicolai beendete seinen Brief an Frensdorff mit einem mustergültigen Fürstenlob:

„Ich habe Ihnen [...] Dank zu sagen, daß Sie mir Gelegenheit gegeben haben, einen deutschen Fürsten zu sehen, der die deutsche Litteratur kennet, liebet, und von dem Werthe unserer Schriftsteller, mit so vieler Einsicht urtheilt. Es ist eine Schande für Deutschland daß ein deutscher Fürst, der die deutsche Litteratur kennet und liebet, eine Seltenheit ist. Aber wenn auch alle deutschen Fürsten, die deutsche Litteratur kenneten, so würde doch ein Fürst, der mit so vieler Einsicht und Richtigkeit, davon urtheilet, wie der Ihrige, immer noch eine Seltenheit bleiben!“

Kein Lob ist schöner als das den Kollegen schmähende. So läßt sich diese Passage auch als Seitenhieb auf Friedrich den Großen verstehen, der bekanntlich allem Französischen den Vorzug gab und selbst sein Mißfallen über die deutsche Literatur auf französisch zum Ausdruck brachte: „De la littérature allemande; des défauts qu'on peut lui reprocher; quelles en sont les causes; et par quels moyens on peut les corriger“ („Über die deutsche Literatur; die Mängel, die man ihr vorwerfen kann; die Ursachen derselben und die Mittel, sie zu verbessern“) – eine Schrift, die bei ihrem Erscheinen 1780 unter den deutschen Dichtern und Gelehrten vor allem deshalb Entrüstungsstürme auslöste, weil sie erkennen ließ, daß ihr Verfasser von der aktuellen Literaturproduktion in Deutschland kaum etwas zur Kenntnis genommen hatte.

Sogar diesem Desinteresse vermochte Nicolai noch etwas Positives abzugewinnen. Es sei letztlich, so seine überlieferte Meinung, *„für die deutsche Litteratur ein Glück gewesen [...], daß der König sich nicht um dieselbe bekümmert hätte“*. Dies schien ihm das Beispiel der Berliner Musik zu bestätigen, *„welche der König im eigentlichen Verstande dirigiert hätte“* – was ihrer Entwicklung aber abträglich gewesen sei:[11]

„Der König, als ein großer Wollüstling in allem, hat auch in der Musik eine gewisse Zärtlichkeit geliebt, welche alle Komponisten aus Gefälligkeit für ihn anzunehmen gesucht haben, wo-

durch zwar sein Geschmack befriedigt worden ist, aber die Kunst im ganzen verloren hat."

Ganz so gleichgültig stand Friedrich der Große der deutschen Literatur vielleicht doch nicht gegenüber – und Nicolai nicht der Gleichgültigkeit seines Landesherrn. In einem Brief an Johann Gottfried Herder vom 25. Juni 1773 berichtet er jedenfalls stolz, sein kürzlich erschienener Roman „Das Leben und die Meinungen des Herrn Magister Sebaldus Nothanker" habe *„sogar den Beifall – rathen Sie wessen – des Königs von Preußen, erhalten"*.[12] Derselbe Stolz spricht aus den Zeilen, die drei Tage später an Frensdorff abgingen und die auch die Anerkennung Fürst Friedrichs bezeugen:

„Es ist mir um so viel mehr schmeichelhafft, daß mein Werkgen Ihren Beifall hat, weil ich fürchtete es möchte so viel gelehrten Rost haben, daß es Weltleute nicht interessiren könte. Auch Seine Durchlaucht haben mir in einem sehr gnädigen Schreiben Ihren Beifall zu erkennen gegeben."

Bestellungen und Geschenke, Rechnungen und ihre gelegentliche Begleichung: Darauf beschränkten sich die Beziehungen zwischen Nicolai und dem waldeckischen Fürstenhause auch in den Folgejahren. Im Zusammenhang mit dem Denkmal mag von Belang sein, daß Nicolai am 21. Januar 1772 eine Rede Ramlers auf den Geburtstag Friedrichs des Großen nach Arolsen schickte.[13] Der spätere Verfasser der Inschrift hat sich also frühzeitig als Laudator des Königs empfohlen. Auch ein weiteres Buchgeschenk Nicolais könnte Folgen für das Denkmalprojekt gehabt haben, und zwar die zweite Auflage seiner „Beschreibung der Königlichen Residenzstädte Berlin und Potsdam", deren Erhalt der Fürst am 3. Januar 1779 dankend bestätigte. Darin taucht unter den im Anhang aufgeführten *„vornehmsten jetzt in Berlin, Potsdam, und der umliegenden Gegend lebenden Gelehrten, Künstler und Musiker"* erstmals ein *„Herr Johann Peter Anton Tassart"* auf[14] – der Flame Jean Pierre Antoine Tassaert (1727–1788), den Friedrich der Große 1774 als königlichen Bildhauer nach Berlin berufen hatte. An diesem Tassaert zeigte auch Fürst Friedrich Interesse.

Einem Brief an Frensdorff vom 7. August 1779 ist nämlich zu entnehmen, daß Nicolai im Auftrag des Fürsten mit Tassaert über ein anzufertigendes *„Brustbild"* des preußischen Königs gesprochen hat. Dabei ist die Rede

Büste Friedrichs des Großen von Jean Pierre Antoine Tassaert (1727–1788). Friedrich hatte den Flamen als königlichen Bildhauer 1774 nach Berlin berufen. Der Anlaß für die Büste könnte das Pyrmonter Denkmal gewesen sein, auch wenn kein Auftrag vergeben wurde. Der Verbleib der Büste ist unbekannt.

davon, daß die Büste *„auf eine Anhöhe kommen soll"* – ein Hinweis darauf, daß hier frühe Pläne für das Pyrmonter Denkmal verhandelt worden sind. Wie diese ausgesehen haben, läßt der Fragenkatalog erahnen, den Tassaert Nicolai gleichsam in die Feder diktiert hat:

„Ehe er die Bedingungen sagen wollte, unter denen er das Bild machen will, verlangte er vorläufig zu wissen
1) da das Bild auf eine Anhöhe kommen soll, ob sich das Brustbild unten von der Plaine präsentiren soll oder
2) ob es sich wenn man die Anhöhe erstiegen hat, präsentiren soll.
Im ersten Fall müßte er die Beschreibung der Lage der Anhöhe, und wie hoch sie ist vorher haben […].

3) verlangt er zu wissen, ob das Brustbild bis an den Bauch, oder nur bis an die Brust gehen soll
4) ob das Bild in römischem antikem Habit, und wie, oder ob es in modernem Habit und wie gemacht werden soll."

Schwierigkeiten sieht Nicolai nicht, was den Bildhauer, wohl aber, was dessen Modell betrifft:

„Er ist ein sehr wackerer Künstler, der die Arbeit so viel die Kunst betrifft gewiß sehr gut machen wird. Nur in Absicht auf die Aehnlichkeit, sagte er was ich vorausgesehn habe, daß da der König niemals zu einem Bilde gesessen hat, so wolle er sich zwar alle Mühe geben, aus der Idee und aus den vorhandenen Bildern, Aehnlichkeit zu finden, aber die Aehnlichkeit, so wie die Natur ist getraue er sich nicht, und könne er nicht versprechen."

Daß Friedrich der Große sich im Alter weigerte, Modell zu sitzen, ist von vielen seiner Porträtisten, Malern wie Bildhauern, bezeugt. Wie diese Passage belegt, hat er selbst für seinen Hofbildhauer keine Ausnahme gemacht. Die Unähnlichkeit der Porträts des Königs wurde geradezu sprichwörtlich. So konnte Nicolai auf die Klage des Freundes Ramler über zwei mißglückte Porträtstiche scherzend erwidern, er teile eben *„das Schiksal des Königs [...], den jeder mahlen will und den noch niemand getroffen hat"*.[15] Nichtsdestotrotz beendete er sein Schreiben an Frensdorff in der Hoffnung, daß *„Seine Durchlaucht sich entschließen wolten, Seine Majestät zu ersuchen zum Bilde zu sitzen"*.

Warum ist das Denkmal in der hier konzipierten Form nicht zur Ausführung gekommen? Zwei mögliche Gründe finden sich in Nicolais Brief angedeutet: die hohe Auftragsbelastung und die hohen Honorarforderungen Tassaerts. Denkbar ist aber auch ein ganz anderer Grund. Pläne wie die in Arolsen wurden 1779 auch in Berlin geschmiedet. Dort wollte die preußische Armee Friedrich den Großen mit einem Reiterstandbild ehren, und auch dieser Auftrag sollte an Tassaert gehen. Doch der König sprach sich gegen das Vorhaben aus, weil es, wie er meinte, *„eine schickliche Sitte sei, nicht während des Lebens, sondern nach dem Tode dem Feldherrn ein Denkmal zu errichten"*.[16] Nicht auszuschließen, daß man in Arolsen von seiner ablehnenden Haltung erfahren und deshalb von den eigenen Plänen Abstand genommen hat.

Tatsächlich hat Tassaert eine Büste Friedrichs des Großen gefertigt. Ihr heutiger Verbleib ist unbekannt. Anders als bei dem unausgeführten Reiterstandbild liegt über die Entstehungsgeschichte dieser Büste keinerlei Zeugnis, etwa ein schriftlicher Auftrag, vor. Ähnlichkeiten mit anderen Arbeiten Tassaerts legen es nahe, sie auf die späten siebziger Jahre zu datieren.[17] Womöglich ist sie infolge der Anfrage des Fürsten von Waldeck-Pyrmont entstanden.

Den weiteren brieflichen Verhandlungen über das Denkmalprojekt gingen die ersten beiden Pyrmont-Aufenthalte Nicolais in den Jahren 1785 und 1787 voraus.[18] Schon am 14. Juni 1774 äußerte Nicolai gegenüber Frensdorff sein Bedauern darüber, den Freund Moses Mendelssohn nicht nach Pyrmont begleiten zu können, sondern im nahe Berlin gelegenen Bad Freienwalde kuren zu müssen. Am 10. September desselben Jahres fügt er erläuternd hinzu:

„Die Ursach meiner Reise nach Freyenwalde, war eigentlich die neue Unpäßlichkeit meiner Frau, der dieses Bad verordnet war. Wenn die Reise nach Pyrmont nicht mehrere Zeit und Kosten erforderte, und wenn ich in allen Dingen meinen Wünschen folgen könnte, so würde ich freylich, aus mancherley Ursachen, lieber nach Pyrmont gereiset seyn. Das was mir mein Freund Moses von Pyrmont gesagt hat, konnte nicht anders, als mich noch mehr dazu anreizen […].“

Anzunehmen ist, daß Nicolai spätestens bei seinem Besuch 1787 Fürst Friedrich persönlich kennengelernt hat; der Kurbetrieb erlaubte eine solche Kommunikation über Standesschranken hinweg. Selbst daß das Denkmalprojekt zwischen ihnen zur Sprache gekommen ist, steht zu vermuten, denn ohne längere Erklärungen greift der Fürst das Thema im Frühjahr 1788 wieder auf. Anlaß seines Briefs an Nicolai vom 13. April 1788 sind die „Anekdoten von König Friedrich II. von Preussen“, für deren Übersendung er sich begeistert bedankt:

„Das mir geschenkte Büchelchen hat mir gestern die angenehmste aller Stunden verschafft. Nur durch Nicolai dürfen Anecdoten eines Friedrichs, bearbeitet werden. Wie trefflich haben Sie den Königlichen Weisen, den Sieger in 11 Feldschlachten, den Erschaffer der unbegreiflichen Grösse des Hauses Brandenburg, uns geschildert!“

Im folgenden berichtet der Fürst vom Fortgang der Arbeiten am Monument. Er kündigt dessen Fertigstellung für Juni an und veranschaulicht die geplante Form mit einer kleinen Zeichnung, auf der das heutige Denkmal bereits erkennbar ist. Schließlich kommt er auf ein noch ungelöstes Problem zu sprechen: Über die Inschrift hätten sich die waldeckischen Latinisten seit drei Monaten die Köpfe zerbrochen, ohne zu einem ihn zufriedenstellenden Ergebnis zu gelangen. Mit diplomatischer Verzierung formuliert er einen Vorschlag:

„Kente ich Ramlern, so würde ichs wagen ihn zu ersuchen, die Arbeit auf sich zu nehmen. Vielleicht würde der Gedanke daß dieses das erste Monument ist das Friedrichen gesetzt worden, ihn mir gefällig machen. Ich glaube daß bemerkt werden müßte, daß an diesem Ort Friedrich nach grossen Thaten, ausruhete und Kräfte zu noch grössern samlete."

Nicolai scheint den Wink verstanden zu haben. Bevor er dem Fürsten am 24. Mai antwortete, wandte er sich mit dessen Anliegen an seinen Freund Ramler und konnte, wie einem Vermerk auf der Rückseite des zitierten Briefs zu entnehmen ist, zusammen mit dem eigenen Antwortschreiben bereits einen Vorschlag für die Inschrift übersenden, den ein beigelegter Brief Ramlers enthalten haben muß. Seinerseits machte Nicolai einen Gegenvorschlag zur geplanten Form des Gedenksteins, wie eine weitere Zeichnung und eine dazugehörige Notiz – *„oben Rundung von jonische Voluten proponiren"* – auf der Briefrückseite belegen. Ihm schwebten für den oberen Abschluß offenbar klassische Säulenkapitelle vor.

Die Antwort des Fürsten erfolgte am 1. Juni:

„Wie kan ich Ihnen genug für die Gefälligkeit danken mit welcher Sie mein Schreiben zu beantworten beliebt, und so gar Ramlern dazu gebracht haben eine Inschrift zu Friedrichs Monument zu verfertigen! Diese entspricht volkommen dem großen Gegenstande, und wird dem Marmor anvertrauet werden. Da bereits das Monument beynahe fertig ist, und diesen Sommer gesetzt seyn muß, so können die vorgeschlagene Verändrungen dessen Form, nicht befolgt werden. Dadurch daß dasselbe gegen 5 Fus hoch wird, ist aller Entheiligung vorgebeugt worden."

Die Bitte am unteren Rand der letzten Seite dieses Briefs – *„beykommendes bitte dem Herrn Professor Ramler zuzustellen"* – mag auf das Dankschreiben des Fürsten verweisen, das sich erhalten hat und auf den 2. Juni datiert ist.[19] Spätestens im darauffolgenden Monat muß das Denkmal dann errichtet worden sein, denn am 27. Juli 1788 erwähnt der Fürst gegenüber Nicolai, die Inschrift sei darauf *„in beyden Sprachen, auch in der Teutschen, iedoch weniger simpel und kräftig"* angebracht und werde selbst *„von Franzosen, Engländer und Italiener bewundert"*.

Als Beleg dieses internationalen Interesses darf das eingangs abgebildete Aquarell eines französischen Kurgastes von 1795 gelten, der allerdings in der Bildunterschrift den Aufenthalt Friedrichs des Großen in das Jahr 1755 verlegt und den König statt der Pyrmonter Heilquelle Kaffee trinken läßt. Auch der Besuch eines dänischen Reisenden ist verbürgt: Im Juli 1789 hat der Dichter Jens Baggesen in Pyrmont Station gemacht und *„diesen in der Allee berühmten Ort"* aufgesucht. Obwohl er in Friedrich dem Großen *„den Freund der Aufklärung"* und *„den Beförderer der Gedankenfreiheit"* sieht, gilt ihm der König nicht als *„der größte unter den Regenten"*. Er hätte, bemerkt Baggesen denn auch, *„auf das Denkmal nicht ‚Maximus', sondern ‚Magnus' gesetzt"*.[20]

Die Bemerkung macht stutzig. Hat die Inschrift einmal anders gelautet, als sie heute auf dem Denkmal zu lesen ist? Der Brief Ramlers, der ihren ursprünglichen Wortlaut beinhaltet haben muß, ist ebensowenig erhalten wie der Brief Nicolais an den Fürsten vom 24. Mai 1788, dem er beigelegen hat. Doch findet man in den Stadtführern bis 1818 Baggesens Worte bestätigt. Erst in der Pyrmont-Beschreibung des Kurarztes Karl Theodor Menke, Nachfolger des erwähnten Marcard, heißt es *„Fridericus Magnus"*.

Wie Menke berichtet, wurde das Denkmal *„von frevelnden Händen unnützer und ungesitteter Menschen beschädigt und seines ursprünglichen Glanzes beraubt"*. Deshalb habe man es *„vereinfachen und die ehemals vergoldeten, erhabenen Buchstaben der, von Ramler verfaßten, und an der einen Seite des Cubus befindlichen,* Inschrift [...] *nunmehr einhauen lassen müssen"*.[21] Die *„Entheiligung"* des Denkmals konnte also – entgegen der Hoffnung, die der Fürst im Brief an Nicolai vom 1. Juni 1788 geäußert hatte – durch seine Höhe nicht verhindert werden. Vermutlich sind bei der frühen Instandsetzung mit den Buchstaben auch die Worte ausgetauscht worden.

Bei Bauarbeiten am Schloß Pyrmont wurde 1985 ein vermeintlicher Beleg für Menkes Bericht gefunden. Ans Licht kam das Bruchstück einer schwarzen Marmortafel, auf dem die lateinischen Worte „AURATURUS / HOC SECESSU / GAUDEBAT“ zu erkennen sind. Anders als in Menkes Beschreibung sind die Buchstaben aber in die Tafel eingehauen. Auch müssen laut Marcard die *„Buchstaben von vergoldeter Bronze“* zum Zeitpunkt der Errichtung des Denkmals *„auf einer weissen marmornen Tafel“* angebracht gewesen sein.[22] So läßt sich der Fund, den heute das Museum im Schloß verwahrt, nur mit der Annahme erklären, daß die Platte mit der Inschrift mehr als einmal ausgetauscht worden ist.

Anonyme Zeichnung des Friedrich-Denkmals aus dem 19. Jahrhundert.

Da eine genaue Datierung nicht möglich ist, muß auch offen bleiben, ob Nicolai von der Beschädigung des Denkmals und der Änderung der Inschrift Kenntnis hatte oder haben konnte. Während seiner folgenden Pyrmont-Aufenthalte – insgesamt achtzehn sind verbürgt – hatte er jedenfalls wiederholt Gelegenheit, das Denkmal in Augenschein zu nehmen. So unternahm er beispielsweise am Nachmittag des 10. August 1789 – wie zwei Jahre zuvor in Begleitung anderer Kurgäste – eine *„Promenade nach dem Königsberge"*, wie sein Freund und Verlagsautor Johann Joachim Eschenburg im Tagebuch seiner „Pyrmonter Reise" festgehalten hat.[23] Sicherlich ließ es sich Nicolai nicht nehmen, seinen Begleitern die Entstehungsgeschichte des Denkmals in allen Einzelheiten zu erzählen. Ob er dabei wohl seine Vermittlerrolle – wie in der Vorrede zu seinen „Anekdoten von König Friedrich II. von Preussen" – unerwähnt gelassen hat?

Anmerkungen

1 Die Handschrift, nach der das Gedicht wiedergegeben wird, befindet sich im Stadtarchiv Hannover unter der Signatur Autographensammlung Culemann Nr. 767. – Den „preußischen Grenadier" nannte sich Gleim seit seinen – zunächst anonym veröffentlichten – „Preussische[n] Kriegslieder[n] in den Feldzügen 1756 und 1757 von einem Grenadier", in denen er die Siege Friedrichs des Großen im Siebenjährigen Krieg gefeiert hatte.

2 Georg Dehio, Handbuch der Deutschen Kunstdenkmäler, Bremen, Niedersachsen, bearbeitet von Gerd Weiß, München u. Berlin 1992.
Die Kunstdenkmäler des Landkreises Hameln-Pyrmont im Regierungsbezirk Hannover, bearbeitet von Joachim Bühring unter Mitwirkung von Guido Große Boymann u. Jürgen Klemcke, Textband u. Bildband, Hannover 1975 (= Die Kunstdenkmäler des Landes Niedersachsen 35).

3 Friedrich Nicolai, Anekdoten von König Friedrich II. von Preussen, und von einigen Personen, die um Ihn waren. Nebst Berichtigung einiger schon gedrukten Anekdoten, Heft 1, Berlin u. Stettin 1788, S. VIII. (Zweyte verbesserte Auflage 1790.)

4 Henrich Matthias Marcard, Beschreibung von Pyrmont, Leipzig 1784, Band 1, S. 23.

5 Immanuel Kant, Beantwortung der Frage: Was ist Aufklärung?, in: Berlinische Monatsschrift 12, 1784, S. 481-494, hier S. 481 u. 491.

6 Friedrich Nicolai (wie Anm. 3), S. X.

7 Martin Sommerfeld, Friedrich Nicolai und der Sturm und Drang. Ein Beitrag zur Geschichte der deutschen Aufklärung. Mit einem Anhang: Briefe aus Nicolais Nachlaß, Halle 1921, S. 360 (Brief Nicolais an Johann Caspar Lavater vom 24. April 1774).

8 Manfred Windfuhr (Hg.), Heinrich Heine. Historisch-kritische Gesamtausgabe der Werke, Hamburg 1981, Band 8/1, S. 68 (Zur Geschichte der Religion und Philosophie in Deutschland).

9 Wenn nicht anders vermerkt, werden Briefe nach den Originalen zitiert. Die Briefe Nicolais an Frensdorff befinden sich im Hessischen Landesarchiv Marburg unter der Signatur 118a (Waldeckisches Kabinett), 2505 (Verkehr mit Buchhändlern: Friedrich Nicolai in Berlin 1771–1792), sämtliche Briefe an Nicolai in der Staatsbibliothek Berlin – Preußischer Kulturbesitz im Nachlaß Nicolai, Bände 22 u. 88 (Georg August Frensdorff) und Band 80

(Fürst Friedrich von Waldeck-Pyrmont). Orthographie und Interpunktion der Originale sind beibehalten, Abkürzungen aufgelöst.

10 Ludwig Friedrich Günther von Göckingk, Friedrich Nicolai's Leben und litterarischer Nachlaß, Berlin 1820, S. 41.

11 G. Karo u. M. Geyer (Hg.), Vor hundert Jahren. Elise von der Reckes Reisen durch Deutschland 1784-86 nach dem Tagebuche ihrer Begleiterin Sophie Becker, Stuttgart 1884, S. 229 (Tagebucheintrag vom 25. Dezember 1785).

12 Otto Hoffmann (Hg.), Herder's Briefwechsel mit Nicolai. Mit einem Facsimile, Berlin 1887, S. 101.

13 Die Rede Ramlers ist abgedruckt in der „Berlinische[n] privilegirten Zeitun[g]" vom 25. Januar 1772, Stück 2, S. 55. Wie der Brief Nicolais belegt, muß es auch einen Vorabdruck gegeben haben.

14 [Friedrich Nicolai,] Beschreibung der Königlichen Residenzstädte Berlin und Potsdam und aller daselbst befindlicher Merkwürdigkeiten. Nebst Anzeige der jetztlebenden Gelehrten, Künstler und Musiker [...]. Neue völlig umgearbeitete Auflage [...], Berlin 1779, Band 2, S. 1001-1042, hier S. 1034f.

15 Alexander Košenina, Briefwechsel zwischen Friedrich Nicolai und Karl Wilhelm Ramler, in: Laurenz Lütteken, Ute Pott u. Carsten Zelle (Hg.), Urbanität als Aufklärung. Karl Wilhelm Ramler und die Kultur des 18. Jahrhunderts, Göttingen 2003, S. 399-433, hier S. 401 (Brief Nicolais an Ramler, datiert vor Mai 1765).

16 Götz Eckhardt (Hg.), Johann Gottfried Schadow. Kunstwerke und Kunstansichten. Ein Quellenwerk zur Berliner Kunst- und Kulturgeschichte zwischen 1780 und 1845. Kommentierte Neuausgabe der Veröffentlichung von 1849, Berlin 1987, Band 1, S. 21.

17 Vgl. Thomas Bensing, Studien zu Jean Pierre Antoine Tassaert (1727-1758), Bildhauer Friedrichs des Großen. Mit Werkkatalog, Diss. München 1996.

18 Vgl. Brigitte Erker, Friedrich Nicolai in Pyrmont. Kontakte und Geselligkeit eines Aufklärers, in: Dieter Alfter (Hg.), Badegäste der Aufklärungszeit in Pyrmont. Beiträge zur Sonderausstellung „bis wir uns in Pyrmont sehen". Justus Mösers Badeaufenthalte 1746-93, Pyrmont 1994, S. 50-72.

19 Der Brief befindet sich im Goethe- und Schiller-Archiv der Stiftung Weimarer Klassik unter der Signatur 75 III, 4, 3.

20 Gisela Perlet (Hg.), Jens Baggesen. Das Labyrinth oder Reise durch Deutschland in die Schweiz 1789, übertragen von G.P., München 1986, S. 183.

21 Karl Theodor Menke, Pyrmont und seine Umgebungen, mit besonderer Hinsicht auf seine Mineralquellen; historisch-geographisch-physikalisch-medicinisch dargestellt, mit einer topographisch-petrographischen Charte, Pyrmont 1818, S. 77.

22 Henrich Matthias Marcard, Kurze Anleitung zum innerlichen Gebrauche des Pyrmonter Brunnens, zu Hause und an der Quelle, Pyrmont u. Hannover 1791, S. XIV.

23 Das Tagebuch befindet sich in der Herzog August Bibliothek Wolfenbüttel unter der Signatur Cod. Guelf. 628 Nov. (Miscellanea Eschenburgiana).

Das Denkmal

„Eine schickliche Sitte sei, nicht während des Lebens, sondern nach dem Tode dem Feldherrn ein Denkmal zu errichten."

(Zitiert Johann Gottfried Schadow den König in seinem Quellenwerk zur Berliner Kunst- und Kulturgeschichte zwischen 1780 und 1845)

„Die meisten Geschichtsbücher sind zusammengestoppelte Lügen, mit einigen Wahrheiten untermischt."

(Friedrich, Geschichte meiner Zeit, 1746)

denken sei oder realistisch, in zeitgenössischem „Kostüm" und historischem Habitus.

Insgesamt entstanden mehr als hundert Entwürfe: Wachs- oder Gipsmodelle, Zeichnungen, Skizzen und Texte. Im September 1839 erst endete das zuweilen mit Heftigkeit und gegen politische Widerstände geführte Ringen um das Denkmal mit der Beauftragung Christian Daniel Rauchs durch Friedrich Wilhelm III. Damit hatte Rauchs fünfter Entwurf das Gefallen des Königs gefunden, sich mit seinem spätklassizistischen Realismus gegen den Idealismus manch eines seiner berühmten Mitstreiter als das eigentlich zukunftsweisende Konzept durchgesetzt.

Christian Daniel Rauch wurde 1777 im hessischen Arolsen geboren. Nach Studienjahren an der Kasseler Kunstakademie trat er in die Dienste des preußischen Königs Friedrich Wilhelm III. In Berlin zählte er zum Kreis der Schüler von Johann Gottfried Schadow. Während eines von 1804 bis 1811 währenden Aufenthalts in Rom bildete er sich bei den Bildhauern Canova und Thorvaldsen weiter. Seinen ersten Auftrag in Preußen erhielt Rauch

Diesen Entwurf mit sieben Reiterstandbildern und einem reliefverzierten Sockel legte Christian Daniel Rauch 1830 vor. Er sollte eine von vielen Ideenskizzen bleiben; erst neun Jahre später fand Rauch endlich das Wohlwollen des Königs.

Auf der Vorderseite der oberen Sockelzone ist das Relief „Friedrich der Große nach der Schlacht bei Kolin" am 18. Juni 1757 zu sehen, das den niedergeworfenen, aber ungebrochenen König zwischen den Tugenden Justitia und Fortitudo darstellt.

1811 für die Gestaltung eines Marmorgrabmals für Königin Luise im Schloßpark von Charlottenburg. Rauch zählte seit den 1830er Jahren zu den bedeutendsten Bildhauern in Deutschland. Er arbeitete eng mit Christian Friedrich Tieck und Karl Friedrich Schinkel zusammen, zum Beispiel beim Kreuzbergdenkmal oder dem Grabmal Scharnhorsts auf dem Invalidenfriedhof. Rauch starb 1857 in Dresden.

Die Kultur sitzt unterm Pferdeschwanz
Zur Konzeption der Rauchschen Plastik

Rauchs mehr als 13 Meter hohe, 36 Tonnen schwere Plastik erhebt den Reiter auf einen Sockel, der in vier Flachreliefs Szenen und Ereignisse aus dem Leben des Königs erzählt und in vollfiguriger Plastik ihm seine für Preußens Geschichte bedeutsamsten Weggefährten an die Seite stellt. Die Generäle und Feldmarschälle, heute nur noch den wenigsten ein Begriff, ebenso wie die bezeichnenderweise unterhalb des Pferdeschweifs positionierten Wissenschaftler und Künstler – auch sie zum Teil in Vergessenheit geraten – staffeln sich zu dichten, realistisch gezeichneten Gruppen. Diese fremd Gewordenen sind es, die dem Betrachter zunächst, gewissermaßen „auf Augenhöhe", gegenübertreten und den dem Blick entrückten hochberühmten Reiter wie ein Sicherheitskordon abschirmen. Den Monarchen selbst kann man nur von fer-

Auf der Rückseite zeigt das Relief „Apotheose Friedrichs des Großen“ den mit Palme und Lorbeer geschmückten König auf dem Ruhmesadler dem Irdischen entschwinden. Die Tugenden Sapientia und Temperantia flankieren die Darstellung.

ne ins Visier nehmen; kommt man ihm zu nahe, bieten sich den Blicken lediglich der Bauch des Pferdes und die Stiefel des Reiters dar, erkennt man allenfalls die grobe Kontur des Geehrten vor dem wechselnden Himmelspanorama. Majestät wollen schon aus gebührendem Abstand betrachtet werden!

Bei einer Gesamthöhe von 13,50 Metern reicht allein der Granitsockel auf eine Höhe von 1,80 Metern.

Auch wenn Rauch nicht den triumphalen Herrscher ehrte, vielmehr neben dem Militärischen auch dem Geistigen und menschlich Ambivalenten Geltung verschaffte, so – dies die formale Aussage seines Werks – schuf er doch ein Königsdenkmal, das Aristokratie und Würde des Geehrten künstlerisch zu untermauern geeignet war. Friedrichs Pose, wenn auch neu und unkonventionell in ihrem fein gezeichneten Realismus, war und blieb doch die Pose eines Monarchen. In ihrem Assoziationsreichtum, der Tiefgründigkeit und Mehrdeutigkeit der Aussage erhebt sich Rauchs Standbild jedoch über das Gros des Posenhaften und Stereotypen der Zeit und kann zu Recht den Rang einer der bedeutendsten europäischen Plastiken des 19. Jahrhunderts beanspruchen. Wohl nicht von ungefähr erinnert dieses Denkmal an Tizians einzigartiges „Porträt-Denkmal“ Karls V. nach der Schlacht bei Mühlberg, an das Bildnis eines seltsam traurigen und gebrochenen Siegers.

Rauchs Standbild nimmt in seinem Konzept erstaunlicherweise – ob bewußt oder unbewußt – Bezug auf einen Entwurf aus der ersten Phase der Diskussion um das Friedrich-Denkmal, genauer gesagt auf das Modell eines gesockelten Reiterstandbilds mit vier begleitenden allegorischen Figuren, wie es der Leiter der Königlichen Bildhauerwerkstätten, Jean-Pierre A. Tassaert, 1779 im Auftrag der Berliner Garnison geschaffen und zur Aufstellung auf der Langen Brücke vorgesehen hatte. Friedrich selbst lehnte diese Ehrung zu Lebzeiten bekanntermaßen ab. Tassaerts Entwurf – wenn auch unrealisiert – übte dennoch enormen Einfluß auf die später folgende Debatte aus, und das vor allem in Hinblick auf die geradezu programmatische historisch-realistische Zeichnung des Königs, so wie sie Christian Daniel Rauch schließlich so meisterlich in Bronze gegossen hat.

Dem Betrachter wird ein Aufblicken zu den Großen der Geschichte abverlangt.

Rauch hob Roß und Reiter auf einen zweimal dreistufigen Sockel: Aus Oberberger Granit schuf er den unteren,

tragenden Teil und positionierte darauf seinen prachtvollen Bronzesockel, der ihm selbst schon zum Denkmal für Friedrich und seine Weggefährten geriet. Hier sind zunächst auf den vorspringenden Konsolen der untersten Stufe Persönlichkeiten aus Friedrichs näherem oder weiterem Umfeld namentlich aufgeführt, die der zentralen Widmungsinschrift gewissermaßen einen würdigen Rahmen verleihen.

Auf dem darüberliegenden Hauptsockel entfaltet Rauch dann seine ganze plastische Kunst mit vollfigurigen Gruppen des insgesamt 105köpfigen königlichen Gefolges aus Feldherren und Staatsbeamten, Gelehrten und Künstlern, flankiert an den vier Ecken von lebensgroßen Reiterfiguren. Friedrichs Leben schließlich hat der Bildhauer auf den Relieftafeln der abschließenden Sockelebene auf maßgebliche Schlüsselszenen reduziert, die wiederum begleitet werden durch die allegorischen Darstellungen von Stärke, Gerechtigkeit, Weisheit und Mäßigung an den Ecken. Auf diese sorgfältig und beziehungsreich gestaffelte historische und moralische „Grundfeste“ hob der Künstler schließlich den großen königlichen Reiter, angetan mit Königsmantel, Dreispitz und Krückstock.

Lob und Anerkennung wurden Rauch schon zu Lebzeiten zuteil; sein Lehrer, Johann Gottfried Schadow, sah seinen eigenen Ruhm buchstäblich „in Rauch uffjejangen“. Gefeiert wurde von den Kundigen dabei auch Rauchs technische Pionierleistung, mußte er doch, vorbereitend auf die Ausführung seines Modells, für die Wiedereinführung des in Vergessenheit geratenen Sandformverfahrens Sorge tragen, eigene Gießer nach französischem Vorbild in der „Méthode à perdue“ ausbilden und sie zu diesem hochkomplexen Gußverfahren befähigen. Angesichts der Dimensionen des Kunstwerks schaute die Fachwelt wie gebannt auf den schließlich realisierten dünnwandigen, spärlich ziselierten Guß, der feinnervig die Muskeln und Sehnen des Pferdes abzubilden im Stande war und in ungewohnter Differenziertheit auch so komplizierte Partien wie den Schweif oder die Mähne des Tieres bewältigte.

Rauch beschäftigte naturgemäß eine ganze Schar von Werkstattgehilfen, Schülern und Bronzeformern bei der Vorbereitung und Umsetzung seines wohl bedeutendsten Kunstwerks. 1846 begann er mit dem Guß der ersten Figuren in einer eigens errichteten Gießerei in der Münzstraße, und erst 1851, im Jahr der Einweihung, konnte er das Werk vollenden. Am 31. Mai des Jahres – dem 111. Jahrestag der Thronbesteigung Friedrichs II. – erfolgte die feierliche Enthüllung.

Ringen um Roß und Reiter
Zwischen Entsorgung und Restauratorenwerkstatt

Es ist wohl nicht nur der Prominenz des Königs, sondern auch dem repräsentativen Ort und der künstlerischen Bedeutung des Denkmals geschuldet, daß Rauchs Standbild in den vergangenen 150 Jahren ebenso wenig unberührt blieb von den politischen Zeitläuften wie die Denkmalentwürfe in den Jahrzehnten des der Realisierung vorangegangenen Diskussionsprozesses. Im Kaiserreich Ort von Fahnenweihen und feierlich begangenen Sedan-Tagen, wurde der bronzene König in den politischen Wirren von 1918/19 zum Ziel von „revolutionären" Attacken und nur eineinhalb Jahrzehnte später unter Beschwörung der preußischen Tugenden in die unheilvolle Propaganda der Nationalsozialisten eingebunden.

Eine erste umfassende Restaurierung wurde 1924 unter der Leitung von Professor Kurt Kluge durchgeführt. Nach Kampfhandlungen in den Revolutionstagen von 1918/19 galt es, unter anderem 97 direkte Einschußlöcher und 60 weitere Gewehrkugeln zu beseitigen und die Fehlstellen zu schließen. Desgleichen mußten Schäden, die durch eindringendes Schwitzwasser entstanden waren, behoben werden.

1943 schließlich verschwand der König angesichts verstärkter Bombardierungen hinter einer schützenden Betonmauer. Im geteilten Nachkriegs-Berlin richteten sich die auch dann nicht verstummenden Diskussionen auf eine der neuen anti-preußischen Politik konforme Umsetzung des noch immer eingemauerten Denkmals vom prominenten Ort; auch eine gänzliche Vernichtung des Rauchschen Werks wurde als Option ins Feld geführt. 1950 erging dann

Eine solche Situation hätte sich der große König, der sich zu Lebzeiten ein Standbild energisch verbeten hatte, wohl kaum vorstellen können: Im Oktober 1997 schwebten Roß und Reiter einem dreijährigen Aufenthalt in einer Restauratorenwerkstatt entgegen.

der Beschluß, den Alten Fritz in Potsdams historische Gärten abzuschieben. Zehn Jahre lagerte er dort, zerlegt in seine Einzelteile und weitgehend ungeschützt vor Witterungseinflüssen, bis 1961, nach stiller Intervention so manchen Denkmalpflegers und Kunstliebhabers, die Neuaufstellung im dortigen Hippodrom erfolgen konnte.

Als sich unter Erich Honecker mit der Kulturpolitik auch das Preußenbild der DDR zu ändern begann, setzten Bestrebungen zur Rückkehr Friedrichs unter die Linden ein. Mit dem König wurde sozusagen auch die Plastik rehabilitiert und im Dezember 1980 medienwirksam wieder aufgestellt – allerdings nicht am historischen Ort, sondern,

Der außerordentlich dünnwandige Guß aus sogenanntem Petersburger Demidoff-Kupfer machte – im Gegensatz zum getriebenen Kupfer – die Ausarbeitung vieler künstlerischer Details möglich. Er ist jedoch anfällig für Umwelteinwirkungen.

mit Rücksicht auf einen inzwischen installierten Fernwärmeheizkanal, etwa 16 Meter weiter östlich der einstigen Stelle.

Die im Zuge der Wiederaufstellung des Denkmals im Winter 1980 notwendig gewordenen Restaurierungsmaßnahmen beschränkten sich auf „Schönheitsreparaturen" an beschädigten Bronzeteilen; man versah das Innere zudem mit einer neuen Stützkonstruktion und sorgte für eine verbesserte Belüftung. Eine gründliche Restaurierung des reichlich geschundenen und stark verschmutzten Denkmals versagten sich die zuständigen Behörden aber ebenso wie die empfohlenen regelmäßigen Kontrollen und Reinigungen. So sollte es bis zur politischen Wende von 1989 bleiben. Danach wurde dann umgehend eine genaue Schadensanalyse und erste Reinigung des nicht zuletzt durch Umwelteinflüsse schwer beeinträchtigten Denkmals durchgeführt.

Rauchs Oberformer Ludwig Friebel war es gelungen, aus so genanntem Petersburger Demidoff-Kupfer einen außerordentlich dünnwandigen Guß herzustellen, der – so die Experten – nicht wie gegossen, sondern wie geprägt aussah. Die zahlreichen Einzelteile wurden schließlich mit Bronzeschrauben verbunden, deren Oberflächen man fein ziselierte. Etwa zeitgleich entstandene metallene Großplastiken, wie beispielsweise die Quadriga auf dem Brandenburger Tor, waren als Treibarbeiten hergestellt worden, in einem Verfahren also, bei dem der Verlust vieler künstlerischer Details unumgänglich war.

Regen und Schmelzwasser setzten dem Standbild seit Jahren zu. Kupfersalzkrusten hatten sich tief in die bildhauerischen Oberflächen eingefressen. Die im Sandgußverfahren hergestellten einzelnen Bronzeteile von Figur und Sockel wurden im Innern mittels Steck-, Schraub- und Drehverbindungen kraftschlüssig zusammengefügt. Der Rost hatte auch diese Stützkonstruktion erheblich gefährdet.

Die schließlich erforderlich gewordenen Maßnahmen beinhalteten neben der Reinigung und Konservierung der Bronze das Schließen von Fehlstellen, die Beseitigung von Korrosionsschäden, Stabilisierung des inneren Gerüsts, Sicherung der Sockelplatten, Ergänzung „abgängiger" Einzelteile, schließlich ausreichende Belüftung von Sockel und Plastik. Nach einer gründlichen Vorbereitung wurden diese Maßnahmen – auf Basis eines von der Deutschen Bundesstiftung Umwelt finanzierten Gutachtens – zwischen 1997 und 2000 durchgeführt. Die Deutsche Stiftung Denkmalschutz beteiligte sich an der Innensanierung des Traggerüstes, der Neubefestigung des 650 Kilo schweren Pferdeschweifs, an Metallbau- und Konservierungsarbeiten mit einem Betrag von insgesamt 510.000 Euro. Die gesamte Restaurierungsmaßnahme, einschließlich der Wiederherstellung der historischen Platzgestaltung von Heinrich Strack, belief sich auf 1,9 Millionen Euro.

Nachdem der Alte Fritz nach jahrelangem Werkstattaufenthalt am 11. November 2000 erneut seinen historischen Ort auf dem sorgsam wiederhergerichteten Schmuckpflaster eingenommen hatte, ist er konsequenterweise auch wieder mitten ins gesellschaftliche und kulturelle Geschehen gerückt: Bereits nach einigen Monaten der Wiedereingewöhnung hat ihm die Hauptstadt im Jahr 2001 ein prächtiges „Preußenjahr" zu Füßen gelegt.

(Dieser Beitrag stammt aus dem 248 Seiten starken Band „Kulturerbe bewahren – Öffentliche Bauten und Anlagen", Förderprojekte der Deutschen Stiftung Denkmalschutz, Monumente Publikationen, Bonn 2002, ISBN 3-936942-28-5)

Lebensdaten Friedrichs des Großen

1712	24.1.:	Geburt Friedrichs als Sohn des Kronprinzen Wilhelm und der Kronprinzessin Sophie Dorothea aus dem Hause Hannover
1713–1740		Regierungszeit Friedrich Wilhelm I.
1728		Besuch des Dresdener Hofes
1730	5.8.:	Der Kronprinz flüchtet vor seinem Vater und erhält Festungshaft.
	6.11.:	Hinrichtung des Freundes Hans-Hermann Katte in Küstrin
1733	12.6.:	Hochzeit mit Elisabeth Christine von Braunschweig-Bevern auf Schloß Salzdahlum (bei Wolfenbüttel)
1736	8.8.:	Erstes Schreiben an Voltaire. Im Herbst Übersiedlung nach Schloß Rheinsberg. Freundeskreis
1738	31.5.:	Friedrich wird nach dem Tod seines Vaters Friedrich Wilhelm I. König von Preußen
	16.12.:	Besetzung Schlesiens
1740–1742		Erster Schlesischer Krieg
1744		Kuraufenthalt in Pyrmont vom 22. Mai bis 9. Juni. (Beginn des Zweiten Schlesischen Krieges, Baubeginn von Schloß Sanssouci)
1744–1745		Zweiter Schlesischer Krieg
1745		Friedrich erhält den Beinamen „der Große“
1746		Zweiter Kuraufenthalt in Pyrmont vom 17. Mai bis 8. Juni. Abfassung der „Geschichte meiner Zeit“
1750–1753		Voltaire am Hofe Friedrichs des Großen
1756–1763		Siebenjähriger Krieg
1777		Friedrich schreibt das Essay „Theorie des aufgeklärten Absolutismus“
1780		Abfassung der Schrift „Über die deutsche Litteratur“
1786	17.8.:	Friedrich II. stirbt in Sanssouci.

ALFTER, Dieter, Dr., (Jg. 1949), Kunsthistoriker, leitet seit 1987 das Museum im Schloß Bad Pyrmont. Überregional bedeutende Ausstellungen zu den berühmten Kurgästen Zar Peter (1999) und Königin Luise (2001), Friedrich II. (2004). Seit vielen Jahren Lehrauftrag an der FH Lippe und Höxter mit Schwerpunkt „Bau- und Gartenkunst".

ENGEL, Hermann, Dr., (Jg. 1938), Historiker, war über 30 Jahre an der Bayer. Staatsbibliothek München in der Handschriften- und Inkunabel-Abt., beschäftigt sich intensiv mit den Primärquellen zur Geschichte Pyrmonts.

FALK, Rainer, (Jg. 1972), Literaturwissenschaftler, seit 2003 tätig am Sonderforschungsbereich der Freien Universität Berlin, „Ästhetische Erfahrung im Zeichen der Entgrenzung der Künste". Ediert im Rahmen der krit. Friedrich Nicolai-Ausgabe die Schriften zu Friedrich II.

GIERSBERG, Hans-Joachim, Prof. Dr. , (Jg. 1938), Kunsthistoriker. Seine Diss. von 1975 beschäftigte sich mit dem König als Bauherrn. Seit 1965 tätig bei den Preuß. Schlössern und Gärten, Potsdam. 1995 bis 2000 widmete er sich als Generaldirektor der Stiftung Preußische Schlösser und Gärten Berlin-Brandenburg auch den konservatorischen Aufgaben des Kunstschaffens unter Friedrich II. Professor Giersberg ist Autor zahlreicher Standardwerke zum Thema.

MALMS, Titus, (Jg. 1941), Wahl-Pyrmonter seit 1969, Mitglied der Freimaurerischen Forschungsgesellschaft „Quatuor Coronati". Er besitzt die wohl umfangreichste Privatbibliothek mit Pyrmont-Literatur und ist selbst Verfasser zahlreicher regionalgeschichtlicher Beiträge.

MEHRING, Arndt Jubal, (Jg. 1963), Flötist, Komponist, Herausgeber, beschäftigt sich mit Musikgeschichte. Leiter der Musikschule Bad Pyrmont e.V. sowie des Torhausensembles. Er konzertiert auf modernen und historischen Instrumenten, u.a. CD mit Werken von Friedrich II.

SCHEURMANN, Ingrid, Dr., (Jg. 1954), Historikerin, Leiterin der Dehio-Geschäftsstelle und Abt. Sonderpublikationen bei der Deutschen Stiftung Denkmalschutz. Der Beitrag zum Reiterstandbild stammt aus: Scheurmann, I.; Hoffmann, K.: Kulturerbe bewahren. Öffentliche Bauten, Förderprojekte der Deutschen Stiftung Denkmalchutz. Bonn, 2002.

WEINLAND, Martina, Dr., (Jg. 1956), Historikerin, Leiterin des Museums für Kindheit und Jugend in Berlin/Stiftung Stadtmuseum Berlin, zahlreiche Publikationen zur Stadtgeschichte Berlins und zur Geschichte der Kindheit.

ZIECHMANN, Jürgen, Prof. Dr., (Jg. 1941), Erziehungswissenschaftler an der Universität Bremen, Historiker. Ein publizistischer Schwerpunkt ist die fridericianische Epoche. Herausgeber des Handbuches „Panorama der Fridericianischen Zeit – Friedrich der Große und seine Epoche", Bremen 1985 und der Schriftenreihe „Fridericianischen Miniaturen", Oldenburg.

Bildnachweis:

VORSPANN: S. 4: Privatbesitz, Frankfurt; S. 6: Kurpfälzisches Museum Heidelberg; S. 8: SMPK, Geheimes Staatsarchiv/AKG-images; S. 9: AKG-images; S. 10: Bildarchiv Preuß. Kulturbesitz, Berlin
DER KRONPRINZ: S. 16: Stadtmuseum Berlin; S. 17: Geheim. Staatsarchiv, Preuß. Kulturbesitz, Berlin; S. 18: Privatbesitz; S. 20: Stiftung Stadtmuseum Berlin/H.-J. Bartsch; S. 21o. Privatbesitz; S. 21u. Sammlung Dr. Elmar Mauch, Pfullendorf; S. 22: Stiftung Preußische Schlösser und Gärten Berlin-Brandenburg, Potsdam (SPSG)/J. P. Anders, Berlin; S. 26: SPSG; S. 28: SPSG/R. Handrich; S. 30: Berlin-Brandenburgische Akademie der Wissenschaften; S. 31l., S. 31m., S. 31r.: Kasteel Huis Doorn (Utrecht)
DER MUSIKER: S. 34: Staatl. Museen zu Berlin, Nationalgalerie/AKG-images; S. 37: Staatl. Institut f. Musikforschung Preuß. Kulturbesitz, Berlin, Musikinstrumenten-Museum/J. Liepe; S. 39, 41, 46: Sammlg. Dr. Mauch, Pfullendorf; S. 40, 42, 44: DSD/M. L. Preiss; S. 49: Staatsbibl. zu Berlin, Preuß. Kulturbesitz, Musikabteilung
DER FREIMAURER: S. 54: Staatl. Museen zu Berlin/AKG-images, Gemäldegalerie: S. 62/63; Sammlg. Dr. Mauch, Pfullendorf
DER BAUHERR: S. 76, 82, 86, 89o, 89u 90 : SPSG; S. 78: Stiftung Preußischer Kulturbesitz, Kupferstichkabinett; S. 81 Hessische Hausstiftung, Fulda; S. 83: Kasteel Huis Doorn (Utrecht); S. 84o. 84u., 93: DSD/M. L. Preiss; S. 85: Bildarchiv Preuß. Kulturbesitz, Berlin; S. 87o., 88 DSD/S. Bolesch; S. 91: verschollen, ehem. Geheimes Staatsarchiv Berlin
DER PATIENT: S. 96, 111: Burg Hohenzollern, Hechingen; 101 li., m., re.: Sammlung Dr. Mauch, Pfullendorf; S. 110: SPSG
DER KURGAST: S. 116, 118, 120, 122, 123, 132, 136, 137: Museum im Schloß Bad Pyrmont; S. 129: Sammlung Dr. Mauch, Pfullendorf
DER KÖNIGSBERG: S. 142, 147, 155: Museum im Schloß Bad Pyrmont; S. 150: Orig. verschollen, Abb. nach Hildebrandt, A.: Das Bildnis Friedrichs des Großen. Zeitgenössische Darstellungen. Berlin, Leipzig 1942[2]
DAS DENKMAL: S. 160, 163, 166, 167o., 168: DSD/M. L. Preiss; S. 164o., 165: Landesdenkmalamt Berlin/W. Reuss; S. 167u.: SPSG; S. 171: DSD/Thomas Grenz; S. 172: Bettina Roß GmbH, Berlin/Hamburg

Verlag: Deutsche Stiftung Denkmalschutz, MONUMENTE-Publikationen
Dürenstraße 8, 53173 Bonn, Tel. 0228/95735-0, Fax 95735-28, www.monumente.de
Gesamtorganisation: Gerlinde Thalheim
Redaktion: Dieter Alfter, Heike Kühn, Gerlinde Thalheim
Gestaltungsidee: Michael Marasson, Sankt Augustin
Satz: Rüdiger Hof, Wachtberg/Bonn, Druck: Konkordia GmbH, Bühl

Die Deutsche Bibliothek – CIP-Einheitsaufnahme

Alfter, Dieter (Hg.) : Friedrich der Große - König zwischen Pflicht und Neigung / Beitr. von Hermann Engel, Rainer Falk, Hans-Joachim Giersberg, Titus Malms, Arndt Jubal Mehring, Ingrid Scheurmann, Martina Weinland, Jürgen Ziechmann ; Vorw. Dieter Alfter. - Bonn : Dt. Stiftung Denkmalschutz, Monumente Publ. 2004

ISBN 3-936942-48-X